*

Animals are reliable,
many full of love,
true in their affection,
predictable in their actions,
grateful and loyal.

Difficult standards for people
to live up to.

Alfred A. Montapert

*

Kommunikation mit Tieren

ein Essay von

Antonia Katharina Tessnow

Bibliografische Information der Deutschen Nationalbibliothek:
Die Deutsche Nationalbibliothek verzeichnet diese Publikation in der
Deutschen Nationalbibliografie; detaillierte bibliografische Daten sind
im Internet über http://dnb.dnb.de abrufbar.

TWENTYSIX – Der Self-Publishing-Verlag
Eine Kooperation zwischen der Verlagsgruppe Random House und
BoD – Books on Demand

Herstellung und Verlag:
BoD – Books on Demand, Norderstedt

ISBN: 9783740733285

Für die,
die schwächer sind als wir,
die uns ausgeliefert sind,
die auf unser Wohlwollen angewiesen sind
und uns trotz allem
treu dienen

Teil I

Wie ich dazu kam

Das West-Berlin der 80er Jahre, allgemein bekannt als 'der freie Teil Berlins', war alles, aber nicht frei. Meine jugendliche Welt war von einer Mauer umgeben, bewacht von Grenzern mit Waffen und Panzern, die nur unter vielen Voraussetzungen Durchlass gewährten. Voraussetzungen, an denen großer, bürokratischer Aufwand und der Zwangsumtausch von Geld hing, womit die Grenze für uns Kinder praktisch verschlossen war.

Wohlgefühlt habe ich mich in der Stadt nie. Sie bedrängte mich und den permanenten Lärm empfand ich als quälend. Er bestand aus einem dumpfen, tiefen Rauschen, das sogar mitten im Grunewald zu hören war, und meine gesamte Kindheit und Jugend untermalte. Mir fehlte die Weite, mir fehlte der Raum und ich sehnte mich nach Land, Freiheit und Stille.

Wir lebten in einem typischen Berliner Wohnblock der 50er Jahre und mein Zimmer hatte ein kleines Fenster mit Blick auf die Mülltonnen im Hinterhof. Meine Mutter, eine emotional unterkühlte, unsensible Frau, die gefühlsmäßig schlecht angebunden und mehr mit sich selbst, ihrer Karriere und ihren Beziehungen als mit uns beschäftigt war, trug nicht dazu bei, dass ich mich in der ohnehin schon kalt wirkenden Stadt heimischer fühlte. Und mein älterer Bruder, um den sich ein Großteil der wenigen freien Zeit meiner Mutter drehte, wurde als Kind von Psychologen und Therapeuten begleitet und kam trotz noch so professioneller Hilfestellung nie darüber hinweg, dass unser Vater die Familie früh verlassen hatte und sich nie wieder meldete. Ein Glück nur, dass wir einen großen Park vor der Tür hatten, gleich auf der anderen Seite unserer kleinen Nebenstraße, der durchzogen von Ententeichen, Wegen, Brücken und Spielplätzen, unser kleines Paradies war. Hier waren wir frei - wenn auch nur partiell. Hier konnten wir uns frei bewegen, hatten Natur um uns herum und zumindest eine Idee davon, wie sich ein Leben in ländlicher Umgebung und ohne Grenzen wohl anfühlen musste.

Ich war sehr allein. Menschen schienen mir eher unzugänglich und ich fand es nicht besonders erstrebenswert, ihre engere Nähe zu suchen. Dazumal habe ich immer wieder wahrgenommen, dass das, was die Menschen fühlten im starken Widerspruch zu dem stand, was mir die Menschen kommunizierten. Oft habe ich an meiner Wahrnehmung gezweifelt und einen tiefen, inneren Konflikt gespürt, der mich einerseits vor die Frage gestellt hat, ob ich den anderen richtig verstehe, und andererseits, was es denn eigentlich sei, das der andere wirklich ausdrücken will.

Wenn ich versuchte, mein Gegenüber in seiner Ganzheit zu erfassen, kam ich immer wieder zu dem selben Ergebnis: Der Mensch stand im Widerspruch mit sich selbst, im Widerspruch mit dem, was er sagte, tat und fühlte. Die Folge war eine immer größere Abkehr von zwischenmenschlichen, vor allem aber familiären Beziehungen, die ich eher an der Oberfläche hielt und vermied, zu vertiefen. Innerlich zog ich mich zurück, um mich vor all den Widersprüchen und den inneren Konflikten anderer Menschen zu schützen.

Ich war keine 13 als ich von meiner Mutter fortging. Ich zog zu einer Gastfamilie, die am Rande Berlins lebte. Die nette Einfamilienhaussiedlung wirkte wesentlich dörflicher und der Umgang miteinander war weitaus freundlicher und warmherziger als ich es von zu Hause gewohnt war. Hier wohnten sogar Katzen mit im Haus, die sich jederzeit frei bewegen konnten, es gab einen großen Garten und mit der gleichaltrigen Tochter, einer tollen Kumpeline, fuhr ich fast täglich in den Reitstall.

Doch trotz der sehr netten, aufgeschlossenen Menschen um mich herum und meiner lieben und geschätzten Freundin, suchte ich den Kontakt vor allem zu Tieren, denn wirklich kommunizieren konnte ich nur mit ihnen.

Mit den Tieren war es schon immer anders, denn die Tiere waren *eindeutig* in allem, was sie ausdrückten. Das, was mir das Tier entgegengebracht hat und das, was ich wahrgenommen habe, standen immer im Einklang miteinander. Nie habe ich einen Unterschied in der Empfindungsfähigkeit von Mensch und Tier gespürt. Ganz im Gegenteil: Tiere waren meine besten Freunde, die ich immer um ihre Echtheit, ihre Hingabefähigkeit und ihre Schicksalsergebenheit beneidete und fand, dass *wir* von *ihnen* lernen können, viel mehr als umgekehrt. Selbst, wenn ich mal eine Meinungsverschiedenheit mit einem Tier hatte, so empfand ich sie nie als belastend. Sie verunsicherte mich auch nicht, sondern ich konnte damit gut umgehen, schon allein deswegen, weil das, was das Tier fühlte und tat immer miteinander übereinstimmten.

Neben der lieben Familie, der ich bis heute dankbar bin, mich aufgenommen zu haben, habe ich *wirklichen*

Halt und Sicherheit letzten Endes jedoch in der Verbindung zu den Tieren gefunden. Meine Erfahrung zeigte mir wiederholt, dass ich mich auf die Verbindung mit ihnen immer verlassen konnte. Im Umgang mit ihnen konnte ich grundsätzlich darauf vertrauen, dass sie nicht nur ehrlich, sondern dass sie immer auch echt sind. Sie gaben mir in jedem Augenblick die Freiheit, mich vollständig zu zeigen, ohne mir das Gefühl zu geben, zu viel zu sein. Sie erlaubten mir, so zu sein, wie ich tatsächlich war, ohne etwas von mir zu erwarten, ohne mir zu signalisieren, dass ich falsch war. Sie gaben mir nie das Gefühl, dass sie mich gerne anders hätten oder das sie das, was ich bin, in irgendeiner Form ablehnten.

Tiere nehmen uns genau so an, wie wir sind. Sie leben ganz in der Annahme von allem, was ist, was sie sind und was du bist. Sie kennen keine Vorurteile, sind keiner Propaganda unterworfen und haben keine vorgefassten Meinungen. Tiere sind immer ganz. Sie sind immer echt. Sie sind immer authentisch, immer ehrlich und nie falsch. Sie vermitteln eine Ganzheit und eine Klarheit, die wir so oft zu finden hoffen, doch bei Menschen meist vergebens suchen. Sie sind mit sich und darüber hinaus mit uns verbunden, und das Gefühl, mit Tieren auf einer Ebene verbunden zu sein, die von eben dieser Annahme und Liebe geprägt ist, hat mich bis heute nicht verlassen. Darum ist die Kommunikation mit ihnen auch eine Öffnung hin zu sich selbst und seinem eigenen Heil.

Die Verbindung zu ihnen hat mich und mein Leben gerettet. Ohne sie wäre ich mehrfach verloren gewesen. Die Vermittlung um den Wert und um das Geschenk, das die Verbindung zu ihnen birgt, ist mit

Abstand eines der wichtigsten Anliegen, das ich auf diese Welt mitgebracht habe.

Klärchen und Abu

Der Weg ist das Ziel

Abgesehen von den zwei Katzen meiner Gastfamilie sah ich für mich als einzige Möglichkeit, regelmäßig mit Tieren in Kontakt zu stehen, über die Reitställe Berlins. Davon gab es einige. Bauern, die Pferde einfach auf ihren Koppel hielten, und die man einfach hätte fürsorglich pflegen können, gab es dagegen gar nicht. Platz in der Stadt ist teuer. In dieser Großstadt, aus der es damals kein Entkommen gab, arbeiteten die Ställe und die Reitlehrer professionell und der Unterricht war dem entsprechend traditionell autoritär. Hier wurde 'gelehrt', wie man mit Tieren umzugehen hatte.

Mein Dilemma war jedoch: Das, was die Gesellschaft, die Allgemeinheit und damit auch die Reitlehrer einen über Tiere lehren und das, was ich selbst als Richtig empfinde, standen schon immer miteinander im Konflikt. Es war erschreckend 'normal', dass die Tiere dem Menschen untergeordnet wurden. Sie wurden nicht als gleichwertige Wesen erkannt - wenn sie überhaupt in ihrem Wesen erkannt wurden. Sie wurden vielmehr in Ihrer Wertigkeit herabgestuft, was den Menschen erlaubte, sich über die normalen, moralischen Vorbehalte, die man einem Wesen gegenüber empfindet, das als gleichwertig erkannt wird, hinwegzusetzen.

Jung und labil, wie ich war, habe ich mich von der Gesellschaft konditionieren lassen und von vermeintlichen Experten und Lehrern 'gelernt', welchen 'Wert' Tiere haben und wie man mit ihnen umzugehen hat. Wenn die Reitlehrer meinten, ich solle mir doch von den Pferden nichts gefallen lassen, endlich mal vorne festhalten und hinten draufhauen, dann habe ich das gemacht, schon deshalb, weil ich darauf vertraut habe, dass diese Menschen es schon richtig wissen. Und einzig, um den Kontakt zu Tieren zu halten, habe ich dem Druck von Außen nachgegeben. Aus Unsicherheit und mangelndem Selbstwertgefühl heraus habe ich den Anweisungen der Lehrer Folge geleistet, obwohl es mich innerlich zerrissen hat, gegen mein Gewissen zu handeln. Ich war charakterlich einfach zu schwach, mich gegen diese Härte der Autoritätspersonen, die in manchen Momenten auch mich traf, zur Wehr zu setzen.

Mit 15 Jahren begann ich, meine eigenen Berittpferde ins Training zu nehmen. Das gab mir die Gelegenheit, mich endlich ein wenig aus dieser zwanghaften Verbindung zu Reitlehrern herauszuziehen. Jedes Mal genoss ich es, wenn ich 'mein' Pferd, einen schwarzen Trakehner-Wallach mit dem wundervollen Namen 'Aljoscha', auf dem großen Springplatz am Ende der Reitanlage einfach laufen lassen konnte. Dort konnte ich sehen, wie frei er sich fühlte, wie gut es ihm ging, wie dankbar er war, für ein paar Augenblicke der Box, dem Stall und der Halle entronnen zu sein. Diese Augenblicke taten nicht nur ihm gut, sondern sie stärkten auch unser Vertrauen. Sie taten seinem Wohlbefinden und der Beziehung zwischen uns so gut, dass es sich am Ende auch im Unterricht und beim Training, in Form einer immer weiter wachsenden Harmonie und Entspanntheit, zeigte.

Über die Beziehung allerdings, die sich zwischen uns entwickelte, habe ich mit niemandem geredet. Laufen gelassen habe ich ihn immer nur heimlich, nach Feierabend oder um die Mittagszeit, wenn keiner im Stall war. Die Freude an der Freiheit, die ich meinem Aljoscha damals schenkte, habe ich für mich behalten.

Die Menschen um mich in diesem Stall waren teilweise sehr grobstofflich ausgerichtet, die Trainer zu streng und die Teenager-Mädels zu sehr auf ihre äußere Erscheinung fokussiert, alsdass ich mich getraut hätte ihnen von dem wunderbaren, unsichtbaren Geheimnis, das unsere Beziehung begleitete, zu erzählen. Sie hätten mich wahrscheinlich nur ausgelacht und ich mich wohlmöglich sogar für meine Seelenverbindung zu Aljoscha geschämt.

Jedes Mal bin ich innerlich fast gestorben, wenn ich diese furchtbare Verbindungslosigkeit zwischen Mensch und Tier erlebt habe, die den Menschen erlaubte, den Pferden gegenüber ungerecht zu sein und die Pferde Verzweiflung und Hilflosigkeit ausstrahlten, die man auch dann noch spürte, wenn man die Halle längst verlassen hatte. Nie werde ich vergessen, wie mehrere Leute mit Gerten, Peitschen und Longen versuchten, ein Pferd auf einen Hänger zu manövrieren, das partout nicht wollte, Angst hatte, nicht wusste, wie ihm geschah. Schweißgebadet vor Angst wehrte es sich, stundenlang. Und die Menschen wurden nicht müde, draufzuhauen.

Ich habe heimlich geweint; nie so, dass es andere mitbekamen. Es hat mich zwar erschüttert, solche Szenen zu beobachten, doch aus Angst vor Ablehnung und aus dem Zwang heraus, dazugehören zu wollen und angenommen zu sein, habe ich nichts gesagt und nichts getan. Ich wollte so gerne Teil der Gemeinschaft sein und gemocht werden, dass ich meine Gefühle den Tieren gegenüber, deren Ansatz immer Freundschaft und Freiheit waren, viel zu oft verdrängte und zur Seite schob. Trotzdem habe ich tief in mir nie verstanden, dass andere Menschen nicht fühlen, was ein Tier fühlt oder was ein anderer fühlt, sondern in der Lage sind, herzlos und brutal zu sein.

Es schien, als entscheide das Maß an Mitgefühl darüber, was ein Mensch in der Lage ist, einem anderen anzutun. Die Fähigkeit zu fühlen, was ein anderes Wesen fühlt, ist ausschlaggebend für die eigene Moral im Umgang mit anderen, und ein Mangel an Mitgefühl scheint die Wurzel für die Bereitschaft von Gewalt - egal ob verbal, seelisch, geistig oder in letzter Konsequenz auch körperlich.

Ich versuchte, mir eigene Bereiche zu suchen, in denen ich tätig sein konnte, doch landete immer wieder bei der ernüchternden Realität, dass der Reitunterricht und das Training von Pferden die einzigen Möglichkeiten waren, mit Tieren in Verbindung zu bleiben und sie in meinem Leben zu wissen.

Ein Leben ohne Tiere aber war für mich nicht vorstellbar. Am liebsten wollte ich jeden Tag mit ihnen verbringen, und zwar *nur* mit ihnen. Doch wie war das realisierbar und mit der Notwendigkeit, meinen eigenen Lebensunterhalt zu verdienen, vereinbar?

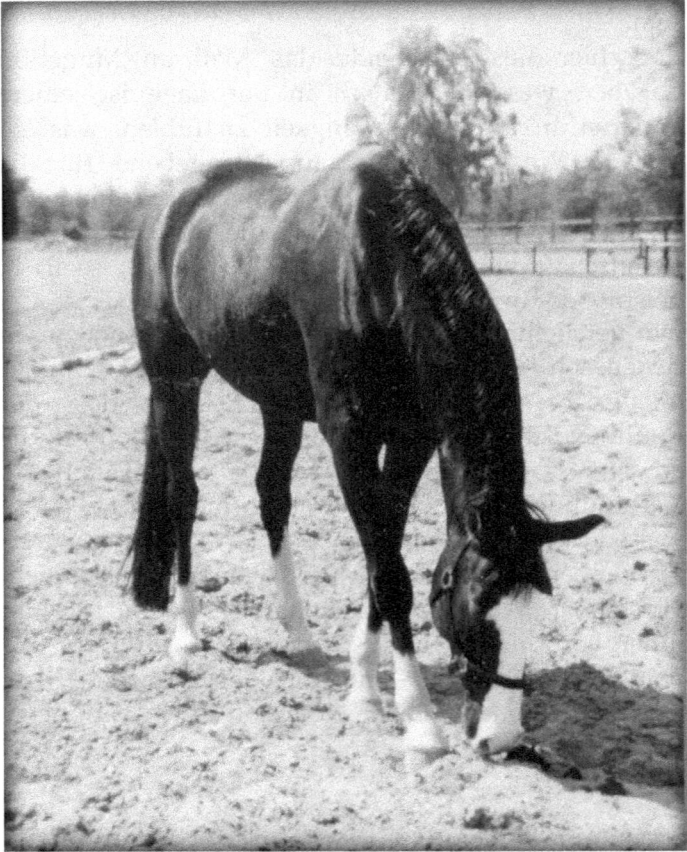

Aljoscha

Amerika

Ich ging 1992 für ein Jahr in die USA und lebte dort auf einer Farm, mitten auf dem flachen Land von Iowa im mittleren Westen. Meine Familie lebte sehr naturnah und alternativ, sie haben ihre Kuh für den eigenen Bedarf gemolken, hielten Hühner, die uns täglich Eier schenkten und züchteten Hunde. Vollkommen herausgerissen aus meinem bisherigen Lebenskontext, der darin bestand, mich frei bewegen zu können, alles in erreichbarer Nähe zu wissen und überall alleine mit dem Fahrrad hinfahren zu können, fühlte ich mich von der Weite, die immer auch eine Abhängigkeit zum Auto mit sich brachte, fast erschlagen. Davon habe ich zwar lange geträumt, doch die Rechnung ohne den Wirt gemacht, und nun saß ich auf dieser Farm praktisch fest und kam nirgendwo mehr hin, kannte niemanden, konnte niemanden erreichen; Internet gab es noch nicht, an Handys war noch nicht zu denken und telefonieren war so teuer, dass ich mir das lediglich einmal zu Weihnachten und einmal zu Ostern leisten konnte.

Die Hunde lebten draußen. Es waren große Hütehunde und ließen keinen Menschen wirklich an sich heran. Zu der Kuh und den Hühnern war es von Natur aus schwerer, eine Verbindung herzustellen, als zu Pferden, Katzen oder Hunden - wenn es denn welche sind, die den Menschen akzeptieren, was in der Regel ja der Fall ist. Ich fühlte mich noch einsamer, als je zuvor.

Zurück in Berlin widmete ich mich wieder der Reiterei und rutschte förmlich in die Berufsreiterei hinein. Sie schien mein Weg zu sein. Einen anderen konnte ich weder sehen noch mir vorstellen. Mit dem

Disput in mir, der sich in der Reiterei auftat, konnte ich relativ gut umgehen und hatte bis dahin immer irgendeinen Weg gefunden, ihn so weit wie möglich zu akzeptieren. Ich hatte gelernt, mit ihm zu leben. Dachte ich.

Obwohl ich gute Intentionen hatte, Tiere liebte und immer danach strebte, mich mit ihnen verbunden zu fühlen, so hat es mich doch nicht davor bewahrt, zwischenzeitlich von diesem Weg abzukommen.

Das Erwachen

Fünf Jahre vergingen, bis ich in einem Sportstall in Schleswig-Holstein landete - auf Empfehlung meines damaligen Trainers, der den Chef dort kannte. Er war ein alter Lehrlingskollege, der allerdings viel leistungsorientierter arbeitete als mein bisheriger Ausbilder. Ich stieß das erste Mal in meinem Leben auf wirklich echte, knallharte Berufsreiterei und gnadenlose Trainingsmethoden.

Der Stall war ein international anerkannter Dressurstall, in dem von der Leistungsklasse M bis in die höchsten Kategorien alles ausgebildet wurde, was möglich war. Ich war am 'Höhepunkt' meiner Karriere, den ich heute allerdings als meinen Tiefpunkt bezeichne.

Nie habe ich eindringlicher erlebt, wie weit wir Menschen davon entfernt sind, wirklich mit den Tieren *zu sein*, wie weit davon entfernt, das Tier in seiner Ganzheit zu sehen und wahrzunehmen. Die Pferde wurden zu reinem Arbeitsmaterial degradiert und hatten zu funktionieren. Es war traumatisch, wie hier den Pferden der menschliche Wille aufgezwungen wurde, wie sie behandelt, ja sogar kaputt gemacht wurden. Pferde wurden an die Wand geritten, verprügelt, Zaumzeuge zu Folterwerkzeugen und Ausbilder zu schreienden und tobenden Tyrannen, die genau *das* von den Reitern einforderten, was sie selbst am Pferd praktizierten. Es war nichts anderes als eine Pferdefabrik.

Doch auch in anderen Berufen mit Tieren ging es ähnlich zu: Die Tierärzte waren dazu da, Nervenschnitte bei Springpferden zu machen, damit sie ihre Schmerzen nicht mehr spürten; Pferde zu sedieren, damit der neue Interessent nicht merkt, wie 'bockig' das auserwählte Tier war; sie waren dazu da, Pferde zum Schlachter zu beordern, wenn sie 'durchs Raster fielen', dem Leistungsdruck nicht standhielten, aufgaben. Mir war schnell klar, dass es mich zerstören würde, weiterhin so nah an Tieren dran zu sein. Und zu meiner maßlosen Enttäuschung fiel mir auch kein Beruf ein, der mir zu diesem Zeitpunkt bewusst war, der die Nähe zu Tieren ermöglicht und mein Leben hätte tragen können.

Es schien, als bauten alle tiernahen Berufe immer darauf auf, die Tiere in ihrer Wertigkeit zu reduzieren und herabzusetzen. Tiere wurden benutzt und ausgenutzt, für Selbstzwecke missbraucht und ihre Seelen um des menschlichen Strebens nach Ansehen und Prestige willens missachtet.

An einem Abend, auf einem meiner Rundgänge, lief ich an einer Stute vorbei, die mit gesenktem Kopf, trüben Augen, an die Wand gedrückt, in ihrer Box stand. Ihre Verzweiflung durchflutete mich wie eine Welle, die mich augenblicklich haben innehalten lassen. Ich guckte sie an, ging ein paar Schritte zurück und hörte, wie mir ein 'oh mein Gott' entwich. Ich öffnete die Boxentür. Als ich ihr gegenüber stand, hätte ich weinen mögen, so traurig war sie.

'Was haben sie denn mit dir gemacht', sprach ich sie an und streichelte ihr sanft über die Ohren. 'Gefressen hast du auch nicht', bemerkte ich, als ich in ihren Trog voller Hafer griff. Sie aber legte ihren Kopf in meinen Arm und schloss die Augen. Ach, hätte ich sie doch nur retten können!

Mitnehmen konnte ich sie nicht, aber für diesen Moment vollkommen für sie da sein, das ging. Ich ließ mich ganz darauf ein, zu spüren, was sie spürte und zu fühlen, was sie fühlte; sah Bilder von gewalttätigen Ausbildern und der Reithalle von innen. Ein Wunder, dass es nicht flächendeckend allen Tieren in diesem Stall so erging wie ihr. Doch sie war zu fein, zu sensibel, zu zart, als dass sie dieser Behandlung hätte standhalten können.

Nach einer Weile spürte ich Erleichterung. Als hätten wir beide gewusst, dass es nichts gab, was ich hätte an ihrer Lebenssituation wirklich ändern können. Ich konnte sie nicht einpacken und mitnehmen. Ich konnte sie aus diesem Stall nicht befreien. Dazu fehlten mir einfach die Mittel und dieses Tier wurde zu hoch gehandelt, als dass mir ein Kauf möglich gewesen wäre. Doch der kleine Augenblick der totalen Annahme, dieser Moment, in dem sie ganz gesehen und gespürt wurde, schienen ihr Erleichterung verschafft zu haben.

Sie atmete auf, bewegte sich etwas in ihrer Box und nach guten 15 Minuten begann sie sogar, ihr Abendbrot zu essen. Ich verabschiedete mich und entfernte mich vorsichtig. Sie schien in Ordnung zu sein.

Die endgültige Entscheidung, zu kündigen, diesen Stall und damit die Berufsreiterei im großen, bis dahin betriebenen Stil zu verlassen, erfolgte in der selben Nacht.

Ob sie eine von denen war, die 'durchs Raster gefallen' ist? Ob sie am Ende diese Tortur nicht überlebt hat? Ich weiß es nicht. Ich weiß nur, dass das durchschnittliche Alter eines deutschen Reitpferdes 7 Jahre beträgt. Und das nicht, weil diese Tiere nicht älter werden können, sondern weil sie diese Misshandlung einfach nicht überleben. Seelisch nicht. Sie geben irgendwann auf, stehen reaktionslos da, lassen auf sich herumprügeln und sich quälen. Bis sie abgeholt werden. Weil 'nichts mehr zu machen ist'.

Kurz darauf wurde ich von meinem Ausbilder furchtbar zusammengeschrien, weil ich trotz seiner Anweisungen nicht tat, was er verlangte. Ich habe *nicht* draufgehauen, sondern die Ruhe bewahrt; ich war *nicht* grausam und gemein zu dem Tier, sondern handelte so, wie es im Einklang mit meinem Gewissen stand. Statt dem Pferd 'die Sporen zu geben', wenn es etwas nicht verstand, parierte ich durch und beruhigte es. Statt am Zügel zu reißen, gab ich nach und begann die ganze Lektion von neuem. Mein Ausbilder explodierte. Für mich jedoch war vollkommen klar, dass hier mein Weg in der Reiterei endgültig am Ende war.

*

So gab ich auf. Ich zog mich zurück. Und auf das Angebot meines damaligen Trainers, der mich gern als Bereiterin zu seinem Bereiterteam gezählt hätte, doch die unzweideutige Vorgabe machte: 'Wenn du Bereiter sein willst, *musst* du über Leichen gehen', reagierte ich mit der inneren Entscheidung, nie wieder etwas mit Tieren zu tun haben zu wollen. Ich wollte nie wieder einen Beruf ausüben, der mein Gewissen in diesem Maße fordert, nie wieder in eine Situation kommen, in der ich mich gezwungen sehe, gegen meine innere Überzeugung zu handeln. Dann war ich lieber ganz allein. Ohne Menschen sowieso, aber eben auch ohne Tiere.

Ich saß meine Zeit bis zum vereinbarten Vertragsende aus falsch verstandenem Anstand ab. Gut getan hat es mir nicht. Denn obwohl ich leistungsmäßig sicherlich alles erreicht habe, wovon so manch ein Reiter träumt, so habe ich diese Fähigkeiten teuer bezahlt: Mit der Trennung meiner Seele von der Seele des Tieres und meinem eigenen, inneren Gefühl von Richtig und Falsch, die sich so weit voneinander entfernt haben, dass ich keine Verbindung mehr mit meinem eigenen Inneren spürte und zeitweilig selber aggressiv wurde. Auch wenn ich ein Pferd nie so brutal behandelt habe, wie manch ein Ausbilder oder Kollege, so ist es doch immer noch schlimm genug, dass ich einmal Teil dieses Systems war, das bis heute ungebrochen existiert.

Warum erzähle ich das alles? Weil es sicherlich solche unter euch gibt, die selbst die Erfahrung gemacht haben, sich von sich und den eigenen Überzeugungen auf dem Lebens- und Schicksalsweg entfernt zu haben. Das passiert. Es ist tragisch, doch es passiert.

Das bedeutet noch lange nicht, dass du ein schlechter Mensch bist oder versagt hast. Wenn dir bewusst ist, dass du die Verbindung von dir zu deiner Umwelt, welche die Tiere nur allzu deutlich spiegeln, verloren hast, bedeutet es lediglich, dass du auf dem Weg bist, aufzuwachen. Dass du das Potential in dir trägst, die Verbindung zu dir und darüber hinaus zu anderen und anderem wahrzunehmen und zu fühlen.

Der Weg, auf dem ich mich verirrt hatte, in der Hoffnung, die Erfüllung meiner Liebe zu den Tieren zu finden, hat mich am Ende in eine Stärke geführt, die mich bis heute dazu befähigt, nicht mehr mitzumachen, keinem Tier mehr in irgendeiner Form meinen Willen aufzuzwingen und vor allem nicht mehr gegen meine innere Überzeugung zu handeln. Wie so oft im Leben ist der Weg, der am meisten von uns fordert und auf dem wir uns verlieren auch der, auf dem wir finden, wovon wir nicht einmal wussten, danach gesucht zu haben.

Am Ende war der größte Erfolg meiner gesamten Reiterkarriere nicht der, die tollsten Pferde geritten oder die höchsten Lektionen verstanden zu haben, sondern der Moment, in dem ich *Nein* gesagt habe. *Nein* zu diesem System, *Nein* zu dem Umgang mit den Tieren, *Nein* zu der fehlenden Verbindung und der mitleidlosen Tortur, der sie unterworfen waren.

Ein seelenloser Umgang mit dem Tier ist niemals eine Option, mal davon abgesehen, dass er auch niemals glücklich macht. Ja, er befriedigt nicht einmal. Ganz kurz vielleicht, möglicherweise im allerersten Moment, in dem man das Tier dazu bringt, genau das zu tun, was man will. Doch nachhaltig ist diese Befriedigung nicht, denn sie ist immer aus Druck,

Zwang und Trennung geboren, nicht aus Ganzheit und Verbundenheit. Frieden bringt er der Seele nicht.

*

Aljoscha

*

Wie es weiterging

So kam es, dass ich mich aus einem Leben mit Pferden verabschiedete - bis zu dem schicksalhaften Anruf des leitenden Landestrainers des Berliner Fünfkampfes, der mir den Beritt und das Training der Landesverbandspferde im Olympiastadion Berlin anbot sowie das Training des Nachwuchses für den Nationalkader im Springreiten.

Der Fünfkampf fordert den Tieren nicht einmal halb so viel Leistung ab, wie die klassische Berufsreiterei, da das Reiten *eine* Sportart von *fünfen* ist. Und da Reiten alles war, was ich bis dahin konnte, ich gleichzeitig aber eine Chance darin sah, unter eigener Regie das Training zu gestalten, sagte ich zu. Im Unterricht habe ich dann versucht, den Schülern ein freundschaftliches Verhältnis zum Tier zu vermitteln, das auf Verständnis und Mitgefühl basiert und nicht auf ausbleibendem Lob und Strafe.

In den sechs Jahren, in denen ich für den Landesverband tätig war, studierte ich Heilpraktik, Tierheilpraktik und ganzheitliche Psychologie und machte eine Fortbildung am Institut für Emotionale Prozessarbeit. In dieser Zeit lernte ich viel über den Zusammenhang zwischen Ursache und Wirkung, sowohl in physischer Sicht im Bezuge auf den Lebenswandel sowie in psychischer Sicht bezogen auf Vergangenheit, Traumata und gegenwärtige Konfliktsituationen. Es ging immer wieder um das Thema Einfühlung, um Empathiefähigkeit und Verständnis an Stelle von Urteil.

Ich begann, wieder zuzulassen, meine sensitive Ebene, die ich so lange abgespalten hatte, auszuheilen und in vollem Umfang zu spüren. Und ich begann zu verstehen, wie groß das Geschenk wirklich ist, das uns die Tiere liefern - und das wir Menschen allzu oft ungenutzt lassen, weil wir es einfach nicht verstehen.

*

Anmerkung zur heutigen Situation oder:
Wo mich mein Weg hingeführt hat

Am Ende eines jahrelangen Findungsprozesses, der mit der Rückkehr aus Schleswig-Holstein begann und mich von Berlin über Indien und Amerika, über Teltow und ein eigenes kleines Häuschen in Wildenbruch, über Musik und Schreiberei, in ein altes Jagdhaus nach Mecklenburg-Vorpommern führte, steht eine kleine Rassehundezucht von Bolonkas. Ich züchte Hunde. Bolonka Zwetna, um genau zu sein, eine russische Schoßhunderasse, die weder Kläffer, Jäger noch Kämpfer sind, sondern liebevolle Wegbegleiter, die mich jeden Tag aufs Neue mit ihrer Liebe und Fröhlichkeit beschenken.

Nie war ich so reich wie jetzt, wo mir ein Weg aufgezeigt wurde, auf dem mir ein Leben mit Tieren möglich ist. Ich bin so dankbar für ihre permanente Anwesenheit, ihre Annahme und Urteilslosigkeit, ihr Mitgefühl und ihre tiefe Hingabe, dass ich mich entschied, ihnen mein Leben zu widmen.

Für manch einen mag es scheinen, als lebte ich allein. Einige mögen meinen, es sei ein Verlust, weder Kinder noch Familie zu haben. Aber für mich ist das nicht wahr. Sondern die Wahrheit ist, dass mir mehr gegeben ist, als ich je gehofft habe, zu finden und dass mein kleines Hunderudel meine Familie ist, meine Seelenfamilie, mit der ich mich zutiefst verbunden fühle.

*

Von links: Klärchen, Fee, die Autorin, Samira und Anique

Willkommen im Königreich des Himmels.
Ohne Urteil. Ohne Hass. Ohne Test. Ohne Alles.

aus 'What the Bleep do we know?'

Teil II

Warum wir hier sind

Laut den Upanischaden, der Bhagavad-Gita und sogar dem Christentum in seiner ursprünglichsten Form - einzusehen und nachzulesen in den Apokryphen, den 'entfernten' Teilen der Bibel - sind die Geschöpfe der Erde ewig lebende Seelen, inkarniert in unterschiedlichen Körpern, um hier auf der Erde spezifische Erfahrungen zu sammeln. Wir sind nicht unsere Körper, sondern wir sind unsere Seele und leben in einem Körper. Der Körper ist nicht der Ursprung unseres Seins, in den eine Seele eingezogen ist, sondern die Seele, das Formlose, das Immaterielle ist der Ursprung. Es hat sich durch immer höhere und dichtere Schwingungsfrequenzen einen materiellen Körper erschaffen, dem wir als Seele innewohnen.

Die Seele geht aus dem reinen Ursprung, der Urseele, dem Urimpuls hervor, der am Anfang von Allem und aller Zeiten steht. Und wie in einem Prisma, in dem sich das Licht bricht und aus reinem weiß alle Farben des Regenbogens erstrahlen, tritt auch die eine Urseele unendlichfach in Erscheinung. Die unterschiedlichen Körper sind demnach nur Ausdrucksformen der einen, allumfassenden Urseele, des Ursprungs oder auch dem Schöpfer, wie es viele nennen. Darum ist auch kein Wesen dem anderen gleich und trotzdem sind wir alle eins, da wir alle aus derselben Quelle entspringen und genährt werden. Auch ist es so, dass es keinen Unterschied in dem Wert einer Lebenserfahrung gibt, sondern sich die einzelnen Lebenserlebnisse lediglich voneinander unterscheiden. Wir wissen nicht, warum es für eine Seele gerade jetzt dran ist, die Erfahrung zu machen, ein Hund oder ein Pferd zu sein, wogegen es für uns dran ist, als Mensch ihnen zu begegnen. In diesem Sinne sind alle Geschöpfe der Welt gleich-wertig. Keiner ist besser oder schlechter, mehr oder weniger Wert. In unserem puren Sein, in allerletzter Konsequenz, in unserem tiefsten Ursprung sind wir tatsächlich miteinander verwandt und alle miteinander verbunden.

Viel wichtiger, als unsere Unterschiede zu benennen, ist es, unsere Gemeinsamkeiten zu erkunden. Denn wenn wir gemeinsam mit unseren Mitgeschöpfen sind, entsteht Verbindung - in uns und um uns herum. Erlaube dir, deine eigenen Erfahrungen zu machen und versuche, nicht zu bewerten, was andere Seelen an Erfahrungen zu machen und darüber hinaus zu lernen haben. Es liegt nicht in unserem Ermessen zu bestimmen, wer welche Erfahrungen zu machen und welche Erkenntnisse zu gewinnen hat, die als nächster Schritt auf dem Weg einer persönlichen Entwicklung augenscheinlich dran sind. Wir können lediglich versuchen, uns in unserem So-Sein zu bestärken und auf unseren Wegen zu helfen.

Jetzt gilt es, diese Verbindung wieder erlebbar zu machen und sich auf sie einzulassen, ohne zu werten, ohne zu erwarten und ohne bestimmte Dinge zu wollen; sondern einfach, indem man in dieses große Einssein hineinfühlt, das sich hinter all den unterschiedlichen Erscheinungsformen verbirgt und uns direkt in die Verbindung mit allem führt.

*

Jemanden zu lieben bedeutet,
ihn so zu sehen,
wie er gemeint ist.

Unbekannt

*

Kommunikation mit Tieren -
die Voraussetzungen

Die Voraussetzung für die Kommunikation mit Tieren ist es schlicht und ergreifend, seine Seele für sie zu öffnen und aus tiefstem Herzen dazu bereit zu sein, in den Tieren einen wirklichen Wert und ein Wesen Gottes zu sehen, das es verdient, geliebt zu werden und das es verdient, dieselbe liebevolle Aufmerksamkeit zu bekommen, wie wir sie auch Menschen schenken sollten - es oft genug allerdings nicht tun. Neben einem echten Erkennen der Gleich-Wertigkeit von Mensch und Tier steht die Öffnung deines Herzens, das allein dazu in der Lage ist, dir all die Wahrnehmungskanäle zugänglich zu machen, die sich im Laufe deiner Entwicklung immer mehr verschlossen haben. Denn nur, wenn du dein Tier wirklich liebst, entsteht wahre Verbundenheit, aus dem am Ende ein gegenseitiges Erkennen erwächst.

*

Am Lebensanfang bedienen wir uns häufig und mit aller Natürlichkeit all den Wahrnehmungsebenen, für die man sich im Laufe eines Lebens erst wieder lernen muss, zu öffnen. Bei der Tierkommunikation geht es darum, sich selbst, seine eigenen Eingebungen und darüber hinaus das, was die Anwesenheit eines Tieres in einem auslöst, intuitiv zu erfassen. Das intuitiv Erfassbare, das sich vorrangig in Gefühlen und Bildern zeigt, kann allerdings beängstigend wirken, vor allem dann, wenn es verborgene Gefühle und Gedanken hervorholt, an die man sich am liebsten nie wieder erinnern möchte. So beginnt man, sich von seinen eigenen Gefühlen und Gedanken, sprich: von sich selbst, abzuwenden. Die Abkehr von sich selbst ist jedoch wiederum einer der wesentlichen Aspekte - manchmal überhaupt *der* Grund - für die fehlende Wahrnehmungsfähigkeit und Verbundenheit mit seiner Umwelt. Denn um diese intuitiv erfassen und darüber hinaus mit ihr in Verbindung treten zu können, erfordert es eben, sich dieser Wahrnehmung zu öffnen, die in erster Konsequenz all das Verdrängte, das in einem schlummert, hervorholt und ans Tageslicht bringt. Ob man will, oder nicht.

Öffnet man sich aber, entsteht wirklich wahre Verbindung zu sich selbst, zu anderen, zur Natur und zu allem um sich herum. Nur Menschen, die keine Verbindung zu ihrer eigenen, intuitiven Wahrnehmung und darüber hinaus zu ihrer Umwelt haben, maßen sich an, die Verbindung und das Gefühl zu Tieren und der Natur als eine Art Abartigkeit oder gar Verrücktheit darzustellen. Doch die Wahrheit ist, dass die Kommunikation mit allen und allem um uns herum etwas ganz Natürliches ist, was jedem von uns innewohnt und von dem wir uns im Laufe unserer Entwicklung nur immer weiter entfernt haben. Mit Tieren zu kommunizieren ist demnach eine Öffnung hin zu sich selbst, eine Rückbesinnung auf den eigenen Ursprung, der am Ende im universell Ewigen wurzelt, woraus wir alle kommen und in das wir alle wieder eingehen werden. In diesem Sinne wird das Kommunizieren mit Tieren auch dem Spirituellen zugeordnet, obwohl das nur die halbe Wahrheit ist. Denn es ist keine vergeistigte Methode, Erleuchtung zu erlangen, sondern eine sehr bodenständige und handfeste, um eine ganz real erfahrbare Verbindung zu sich und anderen herzustellen. Die Brücke zwischen spirituellem und erdgebundenem Verständnis sind die Tiere, die beides in sich tragen und uns damit erlauben, beides gleichermaßen in uns selbst zu finden und zu integrieren.

Stille

Um dein Tier hören und die Botschaften verstehen zu können, das es dir senden möchte, hilft es, dich zeitweilig mit all deinen Sinnen auf die Stille einzulassen. Wirklich einmal Stille *zuzulassen*. Fernseher, Radio und permanente Beschallung durch elektronische Hintergrundgeräusche einfach auszuschalten. Versuche dagegen einmal, Stille zuzulassen und in die Stille hineinzuhorchen.

Ich persönlich ertrage mittlerweile die oft ununterbrochene Beschallung elektronischer Medien nicht mehr und habe deswegen weder Fernseher noch Radio. Ich bin auch kein Freund davon, Tiere andauerndem Lärm auszusetzen, vor allem solchem nicht, der unnatürlich ist. Tiere brauchen kein Radio. Welpen brauchen auch keinen Wecker im Körbchen. Das einzige, was solche Dinge bewirken, ist eine ständige Lärmbelästigung auf tieferen Ebenen.

Es ist heute allgemein bekannt und sogar von der Medizin bestätigt, dass es Geräusche gibt, an die sich der Mensch *nicht* gewöhnt. Unterbewusst nimmt man Motorengeräusche, Musik, das Brummen von Fernsehern und das Dudeln von Radios, immer wahr, und sie erzeugen eine permanente, innere Anspannung bis hin zu chronischer Unruhe. Die

Muskeln und *der* Teil des Nervensystems, der dem Unbewussten unterworfen ist, sind ständigen Reizen ausgesetzt. Dem Menschen oder auch dem Tier wird somit verwehrt, wirklichen Frieden zu finden.

Schalte einfach mal ab. Alles ab. Und höre, lausche in die Stille hinein. Stille hat einen ganz eigenen Klang, eine ganz eigene Stimmung, eine eigene Frequenz oder auch Wellenlänge, wie wir umgangssprachlich sagen. Erlaube dir, dich langsam und immer tiefer auf die Stille einzulassen, wirklich still zu sein und nur zu hören.

Die Tiere leben in der Stille. Die Natur ist still - und hat ihre eigene Melodie, ihre eigene Sprache. Sie braucht keine Stimulation von Außen. Sie braucht keine Reize, keine Unterhaltung, keine Zerstreuung. Sie *ist* einfach, und aus diesem Seins-Zustand heraus, der nicht durch ewig äußere Reize unterbrochen und in alle Winde zerstreut wird, beginnt das Hören, das Wahrnehmen und das Verstehen - nicht nur der Außen-, sondern auch der Innenwelt.

Wie kommuniziere ich mit meinem Tier?

Wir stehen alle zu jeder Zeit in einer tiefen Verbindung zu allem um uns herum, ob wir uns dessen bewusst sind oder nicht. Die Fähigkeit, diese Verbindung zu nutzen und darüber hinaus mit der Natur, den Tieren und unserer Umwelt in Kontakt zu sein, liegt in jedem Augenblick *in* uns. Tierkommunikation geschieht also in jedem Augenblick. Sie ist nicht zeitlich begrenzt; sie beschränkt sich nicht auf eine Sitzung oder einen vorgegebenen Zeitabschnitt.

Im Laufe vieler Generationen haben wir Menschen uns immer weiter von dem All-Eins-Bewusstsein entfernt. Allzu oft erleben wir uns als getrennt. Wir erleben uns als getrennt von der Natur, getrennt von der Schöpfung, getrennt von unseren Mitmenschen, empfinden uns als nicht verbunden, als einsam und allein. Und zwar 'allein' nicht im Sinne des großen, ganzen All-eins-seins, das seit jeher von den Erleuchteten und Meditationsweisen als die Quelle höchster Glückseligkeit beschrieben wird, sondern im Sinne der dunklen Abgeschiedenheit einer fensterlosen Gefängniszelle.

Der Verlust echter Verbundenheit wird vor allem durch die Trennung bedingt, die wir innerlich zu uns und unseren Gefühlen vollziehen. Darum können wir auch unsere Tiere und die Natur nicht mehr 'sprechen' hören und bemühen uns vergebens um eine Verbindung zum geliebten Tier, die viel zu oft ausgeschlossen zu sein scheint.

Es ist wichtig zu erkennen, dass der Gedanke des Getrennt-seins der Grund ist, warum wir andere Lebewesen nicht spüren können. Daraus entspringt nämlich allzu oft der Glaubenssatz 'es ist nicht möglich, mit Tieren zu kommunizieren', der eine Blockade ist, die dich daran hindert, in wirklich wahren Kontakt zu treten. Denn wenn du davon überzeugt bist und wirklich tief in dir glaubst, dass du nicht mit deiner Umwelt in Beziehung stehst und mit ihr kommunizieren kannst, dann kannst du es auch nicht.

Wir stehen alle in einer tiefen Verbindung zu allem um uns herum, ob wir uns dessen bewusst sind oder nicht. Das Kommunizieren mit Tieren ist demnach nicht etwas, was du lernen musst, sondern etwas, das du in dir trägst. Es ist nicht notwendig, dass du irgendwelche Kurse besuchst um bestimmte Techniken zu erfahren, die als notwendige Voraussetzung dafür verkauft werden, dich letztendlich in die Lage zu versetzen, Kontakt zu deinem liebsten Tier aufzunehmen. Das ist nicht notwendig. Alles, was du brauchst, ist die Bereitschaft, loszulassen. Deine Glaubenssätze von Trennung und Andersartigkeit, von Wertigkeit und Urteil in jeglicher Form.

Worum es geht

Es geht darum, echt zu sein und alles loszulassen, was dich von dieser Echtheit trennt. Sobald du das tust, bist du automatisch verbunden und dann ist es genug, wenn du dich deinem Tier einfach zuwendest, selbst wenn es nur gedanklich ist. Versuche, die Verbindung zu spüren und sie ganzheitlich zu erfassen, das bedeutet: Mit allen deinen Sinnen und durch alle Kanäle deiner Wahrnehmung. Mache es dir zum Ritual - auch wenn nur für die Zeit, in der du dich bewusst auf die Kommunikation einlässt - einfach alles, alle Vorstellungen und alle Gefühle der Trennung, loszulassen. Mache es dir zum Ritual, dich ganz auf das Gefühl der Verbundenheit mit allem, mit der gesamten Schöpfung und unserem Ursprung, einzulassen. Und gucke, was passiert.

Es ist deine Natur, dass du mit allen Wesen kommunizieren kannst. Es ist deine Wahrheit, dass du mit allen und allem in Verbindung stehst. Vertraue darauf und lasse all die Gedanken und Bilder, Gefühle und sonstigen Regungen in dir zu, die dir immer Hinweis, Wegweiser und Impuls sind und dir helfen, zu verstehen.

Die Tiere haben diese Verbindung nie verloren. Sie sind immer mit allem verbunden und sie sind immer mit dir verbunden und spüren ihre Umwelt in jedem Augenblick. Auch dich spüren sie immer, und dabei spielt es keine Rolle, ob du nah oder fern bist.

Beobachtungen mit Hunden haben ergeben, dass der Hund während der Abwesenheit seines geliebten Menschen spürt, wenn dieser sich entschließt, nach Hause zu kommen. Er beginnt, unruhig zu werden, umher zu laufen und nach der Tür zu gucken. Eben weil er verbunden ist und in dieser Verbundenheit alles wahrnehmen und spüren kann.

*

Wie spricht mein Tier zu mir?

Warte nicht darauf, dass dein Tier in Worten mit dir 'spricht'. Die Kommunikation kann in unterschiedlichsten Formen stattfinden. Darüber hinaus ist die Kommunikation ganz individuell und auch situativ verschieden. Es kann sein, dass du innerhalb der Fokussierung auf dein Tier einfach eine Frequenz, ein Gefühl, ein Bild, einen Gedanke oder auch einen einzigen Satz empfängst. Auch Schweigen kann eine Botschaft sein, die dir vielleicht sagt, dass das Thema, das du als vorrangig empfindest, gerade nicht dran ist.

Eine Kommunikation verläuft nicht immer auf eine bestimmte Art und Weise. Es ist nur wichtig, dass du aufmerksam dafür bist, welche Regungen aus dir selbst und welche vom Tier kommen. Bist du allerdings aufmerksam und lernst du, zu unterscheiden, wird dich die Kommunikation mit deinem Tier auch immer dir selbst ein Stück näher bringen.

*

In den vielen Jahren meiner psychoenergetischen Arbeit mit Rückführungen, Clearings, Begleitungen und Energieaufstellungen habe ich die Erfahrung gemacht, dass das Wissen um die Wahrheit einfach in dem Moment da ist, in dem wir uns für es öffnen. Lass dich nicht in die Irre leiten und halte nicht an der äußeren Form fest, in der du meinst, ein Impuls müsse sich einstellen. Auch das ist wiederum eine Blockade. Auch hier gilt wieder: Mach dich frei und lasse los, alles los, alle Vorstellungen und alle Glaubenssätze. Warte, spüre, schaue und du wirst sehen.

*

Samira aus dem Alten Jagdhaus

Tiere wollen gesehen werden. Sie wollen von uns wahrgenommen werden. Sie wollen mit uns in Verbindung treten, ja, sind auf diese Verbindung angewiesen. Ihr Leben hängt - in so vielen Fällen wortwörtlich - davon ab, ob wir sie sehen und wahrnehmen oder nicht. Und nur, weil wir Menschen nicht hinhören, uns von der Natur abtrennen und uns mit all den Masken und falsch verstandenen Normen blockieren, müssen sie leiden. Ist das der Fall, beginnen sie, Verhaltensanomalien zu entwickeln: Haustiere machen in die Wohnung, zerstören Gegenstände oder bedienen sich anderer Kommunikationsstrategien - nur um uns zu erreichen.

Die Methode

Ob in der Reiterei oder aber auch im Training mit Hunden kann man oft beobachten, dass wirklich gute Ausbilder über mehr Kanäle arbeiten, als nur über die reine Methode. Menschen, die ihre Tiere wirklich erreichen, bringen eine ganz natürliche Echtheit und auch Klarheit mit, über die sie in aller Eindeutigkeit mit den Tieren kommunizieren. Das Dilemma beginnt erst dann, wenn ein Mensch versucht, die erlernten Trainingsmethoden eins zu eins einfach umzusetzen, ohne aber vorher in sich die grundlegend erforderliche Klarheit erlangt zu haben, die die Grundvoraussetzung ist, das Tier intuitiv erfassen zu können. Das Resultat ist in den meisten Fällen absolute Uneinigkeit, trotz 'richtig' angewandter Methode.
Nehmen wir zwei Beispiele:

- Der Trainer sagt, das Pferd ist am Kopf schwierig und braucht Führung. Vor dem Sprung darf man ihn aber nicht allzu sehr festhalten und nach dem Sprung, beim Aufkommen, erst mal freilassen, bevor man die Führung im Maul wiederherstellt.

Die Reiterin versucht, genau das zu tun, hat aber Angst und ist selbst eher der Überzeugung, man müsste das im Tempo immer etwas erhöhte Pferd doch vorne generell festhalten und zurücknehmen. Sie ist unsicher, will aber nicht versagen, sondern erfolgreich die Aufgabe sowohl vor dem Lehrer als auch vor uns anderen Lehrgangteilnehmern meistern. Darum hält sie sich an die Methode des Reitlehrers, die sie - ohne das Pferd im Auge zu haben - einfach dem Tier aufpfropft und versucht, umzusetzen. Sie lässt zwar die Zügel vor und nach dem Sprung locker, hat aber keine innere Verbindung zu dem Tier und kann darum die kleinen, unsichtbaren Signale, die das Pferd aussendet, nicht wahrnehmen. Das Resultat: Das Pferd steigt vor und nach dem Sprung, buckelt und wehrt sich gegen die Reiterin. Die Reiterin versteht es nicht. Der Lehrer schreit. Die Atmosphäre in der Halle kippt ins aggressive, das Pferd wird immer nervöser und ängstlicher und reagiert zunehmend widerborstiger. Das Chaos ist perfekt.

Was ist die Lösung solch einer Situation? Die Lösung ist: Versuche, das Pferd zu hören und ihm gerecht zu werden, egal, was du meinst, die Methode zu sein hat. Habe die Methode im Auge, aber versuche, das Tier ganzheitlich zu erfassen. Versuche zu spüren, wie es dem Tier geht. Versuche, zu erfassen, was das Tier von dir braucht. Und versuche dann ganz konkret, auf die Bedürfnisse des Tieres mit deinem eigenen

Gefühl der inneren Sicherheit und starken Führung zu reagieren.

Tiere reagieren über die Übertragung. Darum funktioniert es meist auch nicht, ein Tier anzuschreien, um es zur Ruhe zu bringen. Oder einem Tier die Angst zu nehmen, indem man es unter Druck setzt. Im Gegenteil: Solche Versuche, auf das Tier einzuwirken und die gewünschte Reaktion zu ernten, schlagen meistens fehl. Wenn du aber willst, dass dein Tier die Ruhe bewahrt, dann musst du genau *die* Ruhe in dir tragen und dem Tier vermitteln, von der du willst, dass das Tier sie in sich selbst finden und spüren kann. Du musst quasi die 'Ruhe in Person' sein, um dem Tier diese Ruhe zu kommunizieren. Dasselbe gilt für das Gefühl der Sicherheit, für Klarheit und alle anderen Zustände, die es gibt.

- Das zweite Beispiel kommt aus dem Hundetraining. Ein weit verbreitetes Phänomen: Der Hund zieht an der Leine und will einfach nicht damit aufhören. Der Besitzer versucht, all das umzusetzen, was ihm in der Hundeschule beigebracht wurde: Er bleibt stehen, er zieht an der Leine und versucht auf alle möglichen Arten und Weisen, das Verhalten des Tieres zu unterbrechen. Doch das gewünschte Resultat bleibt aus. Warum? Weil der Mensch einzig und allein über die beigebrachte Methode versucht, den Hund dazu zu bringen, das gewünschte Verhalten zu zeigen. Doch in sich selbst ist der Mensch unsicher. Darüber hinaus wird er immer frustrierter, vielleicht auch wütend oder setzt sich dem Druck aus, mit seinem Verhalten Erfolg haben zu müssen, um am Ende nicht dumm dazustehen. Möglicherweise hat der Mensch auch Angst, alles falsch zu machen und versteht den Sinn der Methode nicht wirklich.

Um zu verstehen, wie Tiere wahrnehmen und wie sie uns verstehen, ist es wichtig zu wissen, dass sie über drei ganz wesentliche Wahrnehmungskanäle mit uns und ihrer Umwelt in Verbindung stehen:

- Das Tier kann dich hören. Es kann hören, was du sagst, welche Stimme du nutzt, aber auch deine Gedanken hinter der Stimme und die ganz tiefe, grundlegende Einstellung von dir zu der Situation, in der du etwas sagst. Es hört, was in deinem Geiste vor sich geht und hört alle Ebenen, auf denen du dich in dem Moment des Kommunizierens äußerst.

- Das Tier kann sehen. Damit ist nicht das Sehen von Äußerlichkeiten gemeint, obwohl es das Äußere natürlich auch sieht. Sondern es sieht, was und wer du bist, sieht das Potential in dir, sieht deine Seele und deine tiefsten Empfindungen.

- Das Tier kann dich fühlen. Es kann fühlen, was du fühlst, fühlt deine Ängste, Sorgen, Befindlichkeiten und Glückseligkeiten.

Wenn man sich jetzt vorstellt, dass der Hund - oder auch das Pferd - auf allen diesen Ebenen wahrnimmt, wird schnell klar, dass das erwünschte Ziel in den beschriebenen Beispielen nicht erreicht werden kann. Denn das, was vom Menschen in Augenblicken der inneren Zerrissenheit und Unklarheit ausgeht, ist einfach zu verwirrend, als dass das Tier in der Lage wäre, ein klares Signal aus allen seinen Eindrücken herauszufiltern. Und wie ein Kind oder ein hellfühliger Mensch, kann das Tier nicht unterscheiden und einordnen, welche Botschaft von all denen, die es empfängt, wesentlich ist und welche nicht.

All die ausgesendeten Energien vom Menschen stehen im absoluten Widerspruch zu dem anfangs gesetzten Ziel. Das Tier empfängt jedoch alle diese widersprüchlichen Energien und macht sie sichtbar. Das bedeutet, der innere Konflikt des Menschen drückt sich im Tier aus, das dann eventuell zerfahren wirkt, unaufmerksam ist und nicht weiß, was es machen soll. Möglicherweise wirkt es sogar begriffsstutzig. Vielleicht beginnt es dann im weiteren Verlauf der Situation irgendwelche anderen Kommandos anzubieten, die überhaupt nichts mehr mit der eigentlichen Zielsetzung zu tun haben.

*

Sobald man sich selbst in seiner Ganzheit annimmt, beginnt man meist auch, andere in ihrer Ganzheit zu sehen und zu erkennen. In vielen Fällen begreift man leider viel zu spät, dass unser Leben im Außen nur ein Spiegel für unsere eigene, innere Zerrissenheit darstellt.

Tiere reagieren auf unsere Ganzheit. Auf *alles*, was sie von uns wahrnehmen und empfangen. Sie sind viel zu klug, als dass du ihnen etwas vormachen könntest, denn sie reagieren immer auf das, was in uns echt und authentisch ist. Mit ihren Verhaltensweisen entlarven sie meist einfach nur all die Teile, die mit uns selbst nicht im Einklang stehen und eben nicht echt sind. Sie zeigen uns ganz eindeutig, wann sie uns unser Verhalten *nicht* abkaufen und senden uns die klare Botschaft, dass das, was wir da gerade leben, eine Lüge ist. Wenn du dir aber erlaubst, ganz du selbst zu sein und dich selbst in all deiner Weichheit und Verletzlichkeit akzeptierst, dann werden sie dich eben nicht auslachen, oder verurteilen, oder ablehnen; sondern gerade dann werden auch sie sich auf dich einlassen, dich führen, zu dir kommen und dich auffordern, dich von ihrer Seele berühren zu lassen.

Colja aus dem Alten Jagdhaus

Die Wissenschaft ist verschwiegen,
auch wenn es sich
um die große Frage der Einheit handelt,
von der wir alle auf irgendeine Weise
einen Teil bilden,
der wir angehören.
Der populärste Name dafür in unserer Zeit
ist Gott.

Erwin Schöninger

Der spirituelle Aspekt - oder: Es geht noch viel, viel weiter, als du denkst

Die ganzheitliche Wahrnehmung einer Situation kann den Tieren nicht genommen werden. Sie werden immer alles erfassen. Darum ist es im Umgang mit ihnen so wichtig, klar zu sein, eindeutig zu sein und ganz und mit uns in Übereinstimmung zu sein.

Es ist elementar zu verstehen, dass wir den Tieren nichts vormachen können. Wir können nicht einfach so tun, als wären wir dominant oder vertrauensvoll. Wir können ihnen nicht vorspielen, wir könnten sie beschützen, wenn wir selbst innerlich davon nicht überzeugt sind, oder sogar das Gegenteil für wahr halten.

Wenn du dich aber auf dich und deine eigene, tiefe, innere Wahrheit einlässt, dann wird dir das Tier dabei helfen, dich selbst zu überwinden und innere Stärke zu finden. Es wird dir helfen zu verstehen, was es als Lernaufgabe für dich mitgebracht hat. Denn das Tier zeigt dir mit seinem Verhalten, wo du stehst. Es macht dir bewusst, wo deine Schwächen liegen und welche Stärken du noch entwickeln musst. Das bezieht sich auf alle Ebenen, auf die gedankliche, auf die emotionale, auf die gefühlsmäßige und auch auf die spirituelle.

Im Umgang mit Tieren erkennst du - bei näherem Hinsehen - sofort, wo in dir selbst noch ein Konflikt herrscht. Darüber hinaus stehen Tiere immer in Verbindung mit dem Ganzen, der Weltenseele, dem universellen Wissen. Das bedeutet, dass du in der Verbindung mit ihnen sowohl auf individueller, aber auch auf gemeinschaftlicher, globaler und kosmischer Ebene Erkenntnisse gewinnen kannst.

*

Nach meinen drei Jahren, die ich in Indien gelebt und mit Rückführungstherapie gearbeitet habe, bin ich heute vollkommen davon überzeugt, dass wir alle eine Aufgabe auf dieser Welt haben und dass jedes Leben und jede Erfahrung einen Sinn hat, der sich nicht nur auf die persönliche Ebene beschränkt. Es ist vielmehr so, dass - wenn wir einen Konflikt wirklich aufgelöst haben - dieser Konflikt für *alle* gelöst ist. Damit wird die Frequenz des gesamten, die Welt umspannenden Energiefeldes, das wissenschaftlich auch oft als das Morphogenetische Feld bezeichnet wird, angehoben. In diesem Feld sind alle Informationen aller Ebenen gespeichert. Darum ist es auch möglich, über Energieaufstellungen gewisse Situationsstrukturen zu erfassen, sichtbar zu machen und zu ändern - womit sich bestimmte Situationen dann auch auf der realen Ebene entsprechend der gefundenen Lösung konfigurieren.

*

Ich habe nicht nur zahlreiche Ausbildungen an der Winkels-Akademie zu Berlin hinter mir, sondern schloss auch eine dreijährige Ausbildung am Institut für emotionale Prozessarbeit ab. Die Ausbildungskurse fanden ein mal in der Woche in dem Paulinenkrankenhaus in Berlin-Charlottenburg statt, zwei Straßen vom Berliner Olympiastadion entfernt, und hatten die Entwicklung außersinnlicher Wahrnehmung zum Ausbildungsziel.

Die Lehrstoffe der Kurse beinhalteten nicht nur die Entwicklung von 'Vertrauen', 'Transformationsprozesse', und 'Versöhnungsmöglichkeiten', sondern vor allem die Entwicklung der Fähigkeit, 'Energiefelder, Symbole und Menschen zu sehen und erspüren'. Es ging um Kursinhalte wie 'Heilen durch Handauflegen', 'Chakrenöffnung', 'Aurasehen', 'Heilen mit Farben und Tönen', 'Mediales Schreiben' und das 'Lesen in der Akashachronik', um nur einige zu nennen.

Mit dem Abschluss aller meiner Studiengänge begab ich mich auf eine Reise zu den Palmblattbibliotheken in Indien, die so eindrücklich war, dass ich sie zur Vorlage eines eigenen, autobiographischen Romanes machte und die mir die letzten Zweifel an unserer kosmischen Verbundenheit nahm.

Da ich in frühester Kindheit bis zu meinem siebten Lebensjahr körperlose Seelen in Form von Schatten und Gestalten sehen, wahrnehmen und sogar mit diesen in Kontakt treten konnte, war ich sehr positiv überrascht, als ich erfuhr, dass Frau Dr. von Stumpfeld, die Ausbilderin des Institutes, vor allem dafür bekannt war, körperlose Seelen ins Licht zuführen. Bis zu dem Moment, als ich von Dorothea von Stumpfeld erfuhr, stand ich allein mit meiner Erinnerung an diese außersinnlichen Erfahrungen, von der ich nie wagte, zu berichten. Ich kann mich nicht daran erinnern, wann diese Erfahrungen begannen, da sie irgendwie schon immer da waren. Aber ich weiß genau, wann diese Erfahrungen endeten.

Die körperlosen Seelen waren morgens, im Morgengrauen zu sehen, in diesem sehr schummerigen Licht, das sich ganz langsam von

Dunkelheit in Helligkeit wandelt. Unsere ganze Wohnung war voll mit diesen Gestalten. Ich wusste, dass sie wussten, dass ich sie wahrnehmen konnte. Wir standen in einer Art geistiger Verbindung miteinander. Ich lief lautlos durch die Wohnung und war einfach mit ihnen zusammen. Ich lief umher, ganz langsam. Die Gestalten schwebten, überall, am Boden, mitten in den Räumen, an der Decke. Es war für mich so selbstverständlich, sie zu sehen und zu wissen, dass sie da waren, dass ich mich während dieser Begegnungen keinen Augenblick lang unsicher oder irgendwie anders fühlte als sonst. Trotzdem waren diese Begegnungen geheim. Und so jung wie ich war, wusste ich, dass sie geheim bleiben mussten. Sie sind immer geheim gewesen. Zu allen Zeiten. Das war keine Frage. Daran gab es keinen Zweifel.

Es war einer der beschriebenen Morgende, als ich wieder einmal erwachte und mit aller Selbstverständlichkeit aufstand, weil 'sie ja schon alle da waren'. Ich lief durch unsere Wohnung und gelangte zu der Tür, die vom Flur in unser Wohnzimmer führte. Ich stand im Flur und blickte in den Durchgang, in dem mir zwei Kinder entgegenschwebten. Sie hielten sich bei den Händen, ein Junge und ein Mädchen, die in mir die Assoziation von Hänsel und Gretel wachriefen. Sie müssen jünger als ich gewesen sein, denn sie waren kleiner. Ich blickte in unser Wohnzimmer und das ganze Zimmer war voll von körperlosen Seelen in Menschengestalt. Sie waren überall. Ich fasste instinktiv die Hände der beiden Kinder an, nahm sie vorsichtig auseinander, schob sie zu jeweils einer Seite von mir und ging in ihrer Mitte hindurch. Ich fasste sie an, weil ich nicht einfach 'durch sie hindurch' gehen wollte. Dann trat ich ins Wohnzimmer.

Mit dem Betreten des Zimmers bekam ich plötzlich einen großen Schreck. Ich hatte das erste Mal einen Impuls in mir, den ich bis dahin nicht kannte: Angst. Angst, die sich in dem Augenblick zeigte, in dem mir bewusst wurde, dass ich die Kindergestalten berührt hatte. Ich hatte nie zuvor eine Gestalt berührt und spürte unmittelbar, dass ich eine Grenze übertreten haben musste, die nicht übertreten werden durfte. In dem Moment des Schrecks waren alle Gestalten verschwunden und ich stand in dem leeren Zimmer allein.

Ich lief zurück in mein Schlafzimmer. Die Angst blieb. Die Gestalten habe ich nie wieder gesehen.

*

Angst scheint also ein Riegel vor der Tür zu sein, die in Sphären unseres Bewusstseins führt, von denen aus wir in der Lage sind, mit anderen Schattenreichen zu kommunizieren. Mit anderen Worten: Angst blockiert unsere Wahrnehmung.

*

In dem letzten Jahr der Ausbildung am Institut arbeiteten wir mit Energie- oder auch Krankheitsaufstellungen. Eine Aufstellung ist eine Methode, bei der sich unterschiedliche Personen bereiterklären, sich stellvertretend für gewisse Aspekte einer Problemsituation zur Verfügung zu stellen und sich entsprechend der Problemkonfiguration in einem Raum aufstellen lassen. Allerdings funktionieren diese Aufstellungen auch ohne andere Personen, stellvertretend mit Zetteln auf dem Boden oder sogar als Tischkonfiguration, mit Gegenständen als Stellvertreter.

Derjenige, der ein Problem offenlegte, stellte die Stellvertreter, die symbolisch für die einzelnen Aspekte einer Situation eintraten, gemäß der Konfiguration der zu lösenden Situation auf. Da war die Mutter, die Tochter und zwischen ihnen die Angst und die Wut. Das Vertrauen stand mit dem Rücken zur Wand in einer Ecke und die Liebe weinte. Solche 'Personifizierungen' der einzelnen Aspekte eines Problems können eine hervorragende Art und Weise sein, Klarheit über eine Gesamtsituation zu erlangen.

Diejenigen, welche für die entsprechenden Aspekte einer Situation eintraten, fühlten sich in die ihnen zugeteilte Position ein und überließen sich der Botschaft, die sich durch sie zeigen sollte.

Darüber hinaus setzte sich ein Prozess in Gang, bei dem die einzelnen Teile miteinander kommunizierten, sagten, was nie gesagt wurde oder überhaupt einmal zu Wort kamen. Der Verlauf eines Prozesses ermöglicht es, Probleme in seiner ganzen Komplexität zu erfassen und die einzelnen, meist widerstreitenden oder sich ausschließenden Komponenten zu einer Einigung zu führen.

Eine System- oder, wie ich sie mittlerweile nenne, Energieaufstellung, macht grundlegende Beziehungsstrukturen sichtbar. Durch die Aufstellung der Einzelkomponenten einer Situation kann sich die Dynamik hindernder Verstrickungen zeigen. Das Ziel ist es, sich zeigende Verstrickungen zu lösen und negative Energien zu transformieren, sodass es am

Ende allen Teilaspekten gut geht. So kann Heilung von Traumata, grundlegenden Problemkonfigurationen und sonstigen belastenden Gefühlsstrukturen stattfinden.

*

Quantenphysikalisch arbeiteten wir auf der Ebene, die das Morphogenetische Feld genannt wird. In dem Morphogenetischen Feld liegen sämtliche Informationen und Bewusstseinsstrukturen aller Lebewesen. Es beschreibt die energetische Konfiguration einer Sache, eines Gedankens, selbst einer Idee.

Das Morphogenetische Feld ist in einfachen Experimenten zu sehen. Fotografiert man z.B. ein Blatt mit einer hochempfindlichen Kamera, die Aura und Energiefelder sichtbar macht - der sogenannten Kirlian-Fotografie - und hat diesem Blatt zuvor die Spitze abgerissen, wird das Blatt auf dem fotografierten Bild vollständig zu sehen sein. Es ist zwar sichtbar, dass die Spitze als Substanz nicht mehr vorhanden ist, das Energiefeld ist jedoch vollständig und in exakt *der* Form sichtbar, welche die Spitze hatte, bevor sie abgerissen wurde. Das bedeutet, dass jedem Körper die entsprechende Struktur auf feinstofflicher Ebene zugrunde liegt.

In eben dieser Art und Weise weisen auch Gedanken und Situationen entsprechende Strukturen auf feinstofflicher Ebene auf. Energieaufstellungen ändern Grundstrukturen der jeweils aufgestellten Situation. Die Informationen, die im Morphogenetischen Feld liegen, werden in ihrer Struktur erfasst und verändert. Somit ändert sich die

Gesamtsituation analog zum Verlauf einer Aufstellung bis hin zu ihrem Ergebnis.

Eine Aufstellung endet immer dann, wenn die Situation, die sich aus dem Verlauf ergibt, für jeden einzelnen Teil angenehm und positiv ist. Es wird keine Aufstellung beendet, solange z.B. Angst und Wut herrschen. Dieser Fall würde keine akzeptable Lösung darstellen. Es gilt, eben diese Komponenten zu transformieren bis hin zu ihrer Wandlung oder kompletten Auflösung. So kann es sein, dass sich Wut in Wachheit und Angst in Aufmerksamkeit wandelt oder diese Aspekte gänzlich verschwinden. Da mit dem Verlauf einer Aufstellung die Struktur im Morphogenetischen Feld verändert wird, wird sich die Lebenssituation entsprechend zu den Feldstrukturen konfigurieren. Es tritt Wandlung ein.

Da ebenfalls Ideen und Gedanken im Morphogenetischen Feld liegen und diese darüber zugänglich und abrufbar sind, ist verständlich, dass die wichtigsten Forschungsstationen aller Nationen tief in der Erde liegen, damit die Informationen nicht im Feld zu finden sind, und die Entdeckungen, die heute der Amerikaner macht, nicht morgen der Russe aufgreifen kann.

*

Auf Grund des Morphogenetischen Feldes war es zu allen Zeiten der Evolution möglich, gleiche Erfahrungen an unterschiedlichen Orten zu machen. Ähnliche Fähigkeiten wurden an unterschiedlichen Orten zur selben Zeit erlangt, die Musik und die Sprache, die Schrift und das Bewusstsein darüber,

Mensch zu sein, kam über die Menschen an unterschiedlichen Orten der Erde zur selben Zeit.

Durch Erfahrung, Versuch und Irrtum, formierte sich der Geist und die Materie entsprechend der energetischen Strukturen, die am häufigsten in das Feld eingespeist wurden. Waren bestimmte Handlungen destruktiv, führten sie zu Zerstörung und Tod. Diese werden weniger oft ausgeführt worden sein als Handlungen, die dem Überleben und dem Fortbestehen einer Spezies dienlich waren. Fand ein Affe heraus, dass er durch das Zerbrechen von Kokosnüssen an einen Inhalt gereichte, der essbar und wohltuend war, wird diese Handlung so oft ausgeführt worden sein, dass diese Gedankenstruktur zu einem festen Bestandteil des Morphogenetischen Feldes wurde. Irgendwann haben alle Affen mit aller Selbstverständlichkeit Kokosnüsse gegessen, ohne diese Entdeckung jedes Mal neu gemacht haben zu müssen. Selbst dann, wenn sich die Affen an anderen Orten befanden. Ist solch eine Handlung oft genug von einer Spezies praktiziert worden, beobachtet man, dass bestimmte arttypische Verhaltensmuster von Geburt an 'instinktiv' ausgeführt werden, da sich ihr Verhalten analog zu den Strukturen im morphogenetischen Feld konfiguriert.

Das bedeutet, dass wir in unserem Sosein tatsächlich gewissen vorgezeichneten Strukturen unterworfen sind. Doch diese Strukturen kann man bewusst - zum Beispiel durch Aufstellungen, oder auch durch die wirkliche Lösung eines 'Problems' - verändern.

*

*

Wir alle bringen zudem eine Aufgabe in dieses Leben mit. Die Aufgaben, die wir in dieses Leben mitbringen, leiten sich aus drei unterschiedlichen Ebenen ab:

- die erste Ebene ist die Aufgabe, bzw. sind die Aufgaben, die wir aus früheren Leben in das jetzige mitgebracht haben.

- die zweite Ebene ist die Aufgabe bzw. sind die Aufgaben, die wir speziell für dieses Leben auferlegt bekamen.

- und die dritte Ebene ist die Aufgabe bzw. sind die Aufgaben, die wir als neue Lern- und Entwicklungsmöglichkeiten selbst entschieden, mit in dieses Leben zu nehmen.

Löst man eine Aufgabe - egal, ob auferlegt, mitgebracht oder selbst gewählt - ist die Lösung als Informationsstruktur im Morphogenetischen Feld vorhanden, weshalb man ein Problem nie nur für sich alleine löst, sondern immer für alle.

*

Serafina aus dem Alten Jagdhaus

*

Bitte und Dank

Nun ist es nicht zwingend notwendig, energetisch unbedingt auf die eben beschriebene Weise arbeiten zu können, um Erfolg in der Kommunikation mit einem Tier zu haben. Doch zum Einstieg jeder Sitzung, ob nun systematisch oder rein intuitiv, hat sich ein ganz wesentliches Ritual bewährt: Das Bitten um höhere Unterstützung zum Wohle aller Beteiligten.

Egal, woran du glaubst, in welches Glaubenssystem du hineingewachsen bist oder was du meinst, der Ursprung deines Seins ist - in allen Kulturen der Welt und zu allen Zeiten hat es sich bewährt, um die Erfüllung seiner Wünsche und Sehnsüchte zu bitten, landläufig bekannt unter der Terminologie 'Beten'.

*

Das Gebet

Ob es sich um Bärbel Mohrs 'Bestellungen beim Universum' oder die traditionelle Fürbitte handelt ist egal, das Prinzip ist immer dasselbe und es bewirkt vor allem Folgendes: Es öffnet dich für deine Wünsche. Und zwar auf einer viel tieferen Ebene, als du durch reine Gedankenkraft erreichen kannst. Es verbindet dich mit dem Unfassbaren, Unerklärlichen; mit dem, woran du glaubst. Und aus dieser Verbindung beginnt, die Kraft *dessen* durch dich hindurchzufließen, was du dir erhoffst, erbittest. Du machst dich damit zu einem Kanal deiner eigenen Wünsche und erlaubst der universellen Kraft, die alles Leben erschuf, auf deine Wünsche und Vorstellungen zu antworten.

Viele Autoren, Psychologen und Philosophen beschreiben die Kraft unserer Gedanken und was man durch eine gezielte Visualisierung unserer Wünsche tatsächlich erreichen kann. Das kann man nun spirituell, psychologisch oder aber auch religiös ausdrücken; der Weg spielt keine Rolle. Das Ergebnis ist entscheidend. Und deine Bitte, deine Vorstellung, dein Gebet, kann dir wesentlich dabei helfen, deine Ziele und Wünsche zu erreichen. Das gilt nicht nur für ganz Konkretes, sondern auch für die Entwicklung der Fähigkeit zu Fühlen, empathisch zu sein und wahrzunehmen.

Wenn du auf der ganz sicheren Seite sein möchtest, dann runde deine Visualisierungen und Gebete mit einem Dank ab. Denn die Bitte ist eine Energie, die von außen zu dir hinfließt; der Dank aber ist eine Energie, die sich von dir in die Welt ergießt. Das bedeutet: Indem du dich am Ende einer Sitzung, eines Gespräches mit deinem Tier und eben auch einer Visualisierung, dafür bedankst, dass du bereits all das hast, worum du gebeten hast, versetzt du dich energetisch in die Lage, als hättest du das Gewünschte schon erreicht; somit konfiguriert sich dein ganzes Energiefeld so, als wäre dein Wunsch bereits Wirklichkeit, was den Prozess, deinen Wunsch tatsächlich wahr werden zu lassen, enorm beschleunigt.

Heute ist es auch unter den hartgesottensten Wissenschaftlern kein Geheimnis mehr, dass jeder Mensch das anzieht, was er ausstrahlt und einem Menschen 'nach seinem Glauben geschieht'. Filme wie 'What the Bleep do we know?' (Ich weiß, dass ich nichts weiß), in dem Quantenphysiker, Philosophen und Priester genau *das* sehr anschaulich beschreiben, sind schon seit Jahren auf dem Markt und heute wahrscheinlich schon lange wieder durch weitere, neuere und aktuellere Film-Dokumentationen ersetzt. Empfehlenswert ist er dennoch - jedenfalls für alle, die anschaulich erklärt haben möchten, wie unmittelbar unsere Gedanken und Glaubenssätze mit unserer erlebten Realität zusammenhängen, wie wir sie nutzen können und wie sie uns dabei helfen uns bewusst zu werden, dass wir alle mit allem immer in Verbindung stehen.

Samira und ihr kleiner Sohn

*

Das Wissen,
dass diese Vernetzung mit dem Universum
besteht,
dass wir alle miteinander verbunden sind, ist -
meiner Meinung nach -
eine gute Erklärung für Spiritualität.

Stuart Hameroff
Professor für Anästhesie und Psychologie

*

Selbstlosigkeit - was soll das sein?

Viele werden bereits Erfahrungen mit all diesen hier beschriebenen Techniken gemacht haben, doch die Wunscherfüllung funktionierte nicht. Warum nicht? - Weil es wichtig ist, dass du mit deinen Wünschen nicht dein Ego befriedigst, sondern dein Herz erfüllst. Das Bitten und das Danken beziehen sich im tiefsten Grund nicht auf die Befriedigung rein egoistischer Wünsche. Es geht hier nicht darum, zu bitten und zu danken, damit ich so schnell wie möglich bekomme, was mein Ego verlangt. Das funktioniert in den meisten Fällen nicht. Sondern es geht darum, um *das* zu bitten, was dich auf deinem Weg weiterbringt und im Einklang mit deiner seelischen Entwicklung steht. Bittest du zum Beispiel um die Erfüllung rein materieller Luxusgüter, um ein neues, prunkvolles Haus oder ein teures Auto, kann es sein, dass dies nie geschehen wird - weil die Erfüllung dieser Wünsche rein ego-gesteuert ist und nicht im Einklang mit der karmischen Aufgabe deiner Seele steht. Möglicherweise steht vor der Erfahrung, im Besitz eines eigenen Hauses zu sein, erst einmal die Erkenntnis, wie wertvoll es ist, warmes Trinkwasser aus der Leitung zu haben.

Vielleicht ist die Erfüllung deines Wunsches auch einfach noch nicht dran. Es kann sein, dass sich deine Seele als Aufgabe mit in dieses Leben gebracht hat, Bescheidenheit zu lernen. Wünscht du dir jetzt irgendwelche Güter, die dieser Seelenerfahrung nicht entsprechen, werden sich die Wünsche nicht erfüllen.

Schon die Erleuchteten schrieben vor tausenden von Jahren, dass nicht die Erfüllung aller Wünsche, sondern die Wunschlosigkeit zur Glückseligkeit führt.

Das bedeutet wiederum: Mach dich frei, mach dich leer, lasse los. Lasse alles los, was dir dabei im Wege stehen kann, dein Herz wirklich ganz zu öffnen. Versuche, alle ego-gesteuerten Wunschvorstellungen gehen zu lassen; zum Beispiel die, dass sich dein Tier so und so verhalten soll, weil es dir damit viele Probleme erspart. Frage bzw. bitte viel mehr um eine *Lösung*, die wirklich eine Lösung ist und keine Unterdrückung oder eine reine Verhaltensänderung. Denn dann bringst du dich um das Wertvollste, was eine Erfahrung für dich bereithält, nämlich um das Geschenk der höheren Erkenntnis, die in jeder Erfahrung - vor allem in jeder Problemstellung und deren wahrer Lösung - zu finden ist.

Tiere kommen ja zu uns, um uns weiterzubringen. Um uns an unsere Grenzen zu führen und uns die Möglichkeit zu geben, darüber hinaus zu wachsen. Darum bitte um die Entwicklung deiner Feinfühligkeit und es ist ziemlich gewiss, dass dies geschehen wird.

Die Sache mit der Konfiguration des Morphogenetischen Feldes und der Wunscherfüllung funktioniert schon - allerdings nur, wenn das Problem, das als Struktur im Feld vorliegt, wirklich gelöst ist; und die Wunscherfüllung im Einklang mit dir und deiner Seelenaufgabe steht. Dann allerdings ist buchstäblich alles möglich. Wenn du dazu bereit bist, dich den tatsächlichen Lösungen zu stellen, sie anzunehmen und sie zu durchleben, dann kannst du alles lösen. Dann warten all die Schätze der höheren Erkenntnisse auf dich, die der Grund waren, warum sich ein Problem dir gezeigt hat. Und wenn du verstehst, dass die Erfüllung deiner Wünsche sich auf den Reichtum der Seele, des Geistes und deiner

Gefühle bezieht, kannst du jeden Reichtum dieser Erde erlangen, der sich möglicherweise darüber hinaus dann auch einmal im Weltlichen auf ganz andere Weise materialisiert.

*

Des weiteren ist es so, dass es Verabredungen gibt. Nicht nur mit der eigenen Seelenfamilie, Dualseelen oder Seelenpartnern in Form von Menschen, sondern auch in Form von Tieren. Manchmal wissen Menschen sogar schon Monate vorher, dass bald ein Tier zu ihnen kommen wird. Ich habe es in meiner kleinen Hundezucht oft erlebt, dass Menschen mich anriefen und nur ein Foto sahen um zu wissen, dass der Hund auf dem Bild *ihr* Hund ist. Was auch immer sie auf dem Bild erkannt haben, was auch immer das (Wieder-)Erkennen dieser Seele in ihnen ausgelöst hat, es war ihnen fraglos klar, dass diese Seele zu ihnen gehört.

Oft sage ich Interessenten, die von weiter her anrufen, dass sie doch über ihre Entscheidung und die Eindrücke der geschickten Bilder eine Nacht schlafen sollen. Denn die Informationen, die karmischen Verbindungen, die universellen Lern- und Lebensaufgaben liegen immer zu jederzeit im Feld und sind immer von überall her zugänglich und abrufbar. Darum reicht es manchmal schon, auf seine Träume zu achten, oder auf sein Gefühl beim nächtlichen oder morgendlichen Wachwerden, um genau zu wissen, ob der Weg zu diesem Tier richtig ist oder eben nicht.

Vertrauen

Tiere haben eine komplett andere Wahrnehmung von Situationen als wir. Es kann sein, dass wir eine Frage stellen und die Antwort erst Nachts im Traum zu uns kommt. Möglicherweise auch in Form bestimmter Bilder und Szenen, die vorrangig erst einmal nichts mit der Situation zu tun haben, die uns aber in die Lage versetzen, uns in das Tier hineinzufühlen und emotional nachzuvollziehen, wie es dem Tier wirklich geht und wie es empfindet.

Genau so, wie sich unser tiefstes, inneres Wissen, das sich immer in einer klaren Gewissheit ausdrückt, in den meist nächtlichen Momenten des absoluten Loslassens offenbart, so offenbart sich auch die Kommunikation mit unserem Tier, wenn wir loslassen und uns frei machen. Man kann lernen bzw. sich selbst beibringen - einfach, indem man sich immer und überall auf dieses große, allumfassende Loslassen einlässt - bewusst in dieser natürlichen Verbindung zu stehen, in der viele Fragen einfach eine Antwort haben und sich selbst auflösen.

Warte nicht darauf, dass diese Gewissheit in einer von dir vorgegebenen Form zu dir kommt. Sei offen. Offen für dein Gefühl, deine Gedanken und für Impulse jeglicher Art. Vertraue darauf, dass alles - jede Begegnung und jede dir gestellte Aufgabe - einen Sinn auf deinem Entwicklungsweg hat und dass sich dein Seelenplan vor dir entfalten wird, wenn du es zulässt. Denn nichts auf dieser Welt geschieht umsonst.

Habe Geduld. Manchmal versteht man nicht gleich, was einem ein Tier oder eine Situation mitteilen möchte. Erwarte nicht, dass dir sofort, wenn du mit der Tierkommunikation beginnst, alle Antworten eingegeben werden. Manche Antworten sind noch nicht reif, um sich dir in klarer, greifbarer Form zu zeigen. Vertraue dennoch darauf, dass sie zum gegebenen Zeitpunkt in Erscheinung treten werden, wie das Tierkind, dass du erst dann sehen und anfassen kannst, wenn es diese Welt betreten hat.

Der Seelenplan

Eines der größten Missverständnisse, die es in der Interpretation von uns Menschen gegenüber Tieren gibt, ist zu meinen, dass das Tier etwas macht, nur um uns zu ärgern oder mehr noch, um uns zu schaden. Leider ist es so, dass auch ich schon mit meinen Tieren geschimpft habe, wenn ich überlastet war, einfach nicht weiter wusste oder mit der Situation überfordert war. Doch auch die Tiere sind ihrer Schicksalsaufgabe unterworfen und bringen ihren eigenen Seelenplan mit.

Neben den Aufgaben, die ihr als Team habt, hat dein Tier auch noch sein eigenes, kleines Kreuz zu tragen. Man darf nicht glauben, dass immer alles ausschließlich dem allerhöchsten, universellen Wohl dient, was Tiere tun, oder alles immer nur mit uns und unserer Situation zu tun hat. Auch *ihre* Ängste und Unsicherheiten äußern sich manchmal auf destruktive Weisen, die ebenso Lösungen bedürfen, wie die unseren. Allerdings werden die Tiere - im Gegensatz zu uns Menschen - sogar in ihren Unvollkommenheiten immer echt und klar sein.

*

Wir sind hier, um uns gegenseitig dabei zu helfen, unsere Themen zu überwinden. Und da das Tier in seiner Reinheit immer mit dem Kosmischen verbunden ist, ermöglicht der Umgang mit ihm auch *uns* die Rückverbindung zur Quelle.

Die Lösungsfindung sowohl ihrer, unserer sowie unserer gemeinsamen Problemstellungen wird uns immer etwas näher in die Verbundenheit mit uns selbst und damit dem Kosmischen führen. Denn 'das Himmelreich ist in uns', und wir können Gott, oder das Höchste, die Schöpfung, oder wie auch immer man den Ursprung allen Seins nennen mag, nur in uns selbst finden. Die Tiere sind unsere Wegweiser, die Lichter am Wegesrand, die uns dabei helfen, uns selbst nicht zu verlieren.

'Erkenne dich selbst', ist die Botschaft des Orakels von Delphi, das als der Wächter auf dem Weg zur Erlösung allen weltlichen Leides steht. Denn am Ende des Weges der Selbstüberwindung steht das Licht, die Erleuchtung oder auch das Nirvana, wie die östlichen Weisheitsphilosophen es spirituell ausdrücken.

Tiere sind dem Menschen als Botschafter Gottes gesandt worden, darum führt der Weg mit ihnen, über das Verständnis, direkt in die große Klarheit, Echtheit, Reinheit und Liebe, von der geschrieben steht, dass genau sie der Ursprung unseres wahren Selbstes sind.

Der Teil von uns, der ewig lebt und ewig ist, ist auch der, der mit allem immer verbunden ist und in zeitloser Verbindung steht. Dieser Teil kennt alle Antworten, jede Verabredung und jede uns gestellte Aufgabe. Es ist dieser Teil in uns, der uns Vertrauen schenkt und Zuversicht und die Sicherheit, dass das Leben mehr ist als nur eine Zusammensetzung zufällig zusammengewürfelter, biologischer Funktionen. Es ist dieser ewige Teil, der weiß, dass alles, wirklich *alles*, einen Sinn hat, der vertrauen kann und der dich in deinem tiefsten Sein bedingt, der dich ausmacht, der Du bist, wenn alles andere wegfällt.

*

Das Selbst und den Ort anzunehmen
von dem aus wir begreifen,
dass man wirklich eine Wahl hat,
seine eigenen Bedürfnisse anzuerkennen -

wenn dieser Perspektivwechsel erfolgt,
sagen wir,
eine Person ist erleuchtet.

Amit Goswami,
Doktor der Philosophie
und Titel zum Thema
theoretische Nuklearphysik

*

Abu vom Zarenhof Romanow

lebt heute in einer Einrichtung für stotternde Kinder und erfüllt seine Seelenaufgabe als Therapie-Begleithund

Wir sind hier, um Schöpfer zu sein.
Wir sind hier, um den Raum
mit Ideen und Gedankenpalästen zu
durchsetzen.
Wir sind hier,
um aus diesem Leben was zu machen.

Im Augenblick sein - der Schlüssel zum Verstehen

Warum ist es für uns Menschen so schwierig, einfach im Augenblick zu sein? Es sind verdrängte Emotionen - unsere Ängste, unser Schmerz, unsere Ablehnungen - all diese Dinge, all diese Gefühle, die wir irgendwann einmal abgespalten haben, die wir nicht haben wollten und die uns jetzt aus dieser Ganzheit des Augenblicks herausreißen. Diese Abspaltung kann die letzte Hürde sein, vollständig im Augenblick zu verweilen und die Botschaft der Tiere wahrzunehmen. Denn jetzt und hier in diesem Augenblick vollständig zu sein geht nur, wenn wir wirklich *alles* fühlen und *alles* spüren und *alles* sind, was da ist. *Alles.* Auch all *die* Aspekte, die wir nicht wollen, die uns wehtun, die uns peinlich sind und derer wir uns schämen. Einfach alles. Wir schaffen es meist nicht, ganz im Hier und Jetzt zu sein, weil wir vieles in uns selbst nicht zulassen können und weil wir uns in dem absoluten Augenblick des bewussten Seins, in dem alles gleichzeitig einfach *ist*, selbst nicht ertragen. Dabei ist alles, jede Emotion, jedes Gefühl und jede Erfahrung, vollkommen wertfrei. Wir bewerten sie - aber sie sind völlig wertfrei. Wenn wir das sehen können, dann ist jeder Aspekt in seinem ganzen Umfang, in seiner ganzen Bandbreite, in seiner ganzen Schwere und seiner ganzen Tiefe einfach nur da und präsent. Nur *wir* scheuen uns vor der absoluten Selbstannahme, vor dem ewigen Augenblick. Nur wir Menschen scheuen uns davor, einfach da zu sein und präsent zu sein - weil es eben Dinge gibt, die wir nicht wollen, die wir nicht ertragen, die uns weh tun, die wir einfach nicht schaffen - oder glauben nicht zu schaffen.

Menschen werden über verdrängte Emotionen krank. Sie halten Ängste, Ärger und Wut in sich und gehen am Ende ihres Lebens buchstäblich am Stock, weil ihnen ihr Geist und ihre innere Einstellung nicht erlaubt, sich vollständig und ganz und heil zu erleben. Sie sind gespalten und gebrochen. Und am Ende trägt der gesunde Teil den kranken mit, der sich in Form von chronischen Schmerzen und Krankheitszuständen zeigt.

Darum ist die Botschaft des Orakels von Delphi 'Erkenne dich selbst' *der* Schlüssel überhaupt zur Erleuchtung. Denn in dem Moment, indem wir alles was ist, vorbehaltlos zulassen und erlauben, dass alles was ist, wirklich einfach *ist*, werden wir plötzlich wieder ganz und damit auch heil. Wir erkennen uns praktisch selbst, durch all die abgespaltenen Aspekte hindurch. Das ist der Schlüssel zur Ganzheit. Zu wirklich wahrer Erkenntnis. Erkenne dich selbst - ist das Geheimnis zu echter Verbundenheit mit dir und darüber hinaus mit allem anderen.

Wenn Tiere uns als Botschafter Gottes gesandt wurden und Gott eine Metapher für das große, allumfassende, hell erleuchtete, ewige Sein ist - was ist dann die Botschaft der Tiere an uns?

Die Tiere sind 'in Gott'. Sie sind schon immer dort gewesen. Sie sind in der Ganzheit. Sie haben ihre Ganzheit nie verloren. Sie sind seit jeher im ewigen Augenblick. Ohne Urteil. Ohne permanente Reflexion über Vergangenheit und Zukunft. Ohne Negierung eigener Aspekte. Ohne auch nur einen Hauch von Selbstablehnung.

Nur der Mensch kennt es, sich selbst abzulehnen. Das kennt kein Tier. Nur der Mensch kennt Dinge wie Selbsthass und Selbstzerstörung. Und die Botschaft der Tiere ist - darum wurden sie uns ja als Botschafter gesandt - dass die Freiheit und Glückseligkeit im absoluten Augenblick liegt. Darin, sich selber anzunehmen. Darin, weder in der Vergangenheit noch in der Zukunft zu schwelgen und damit sich selbst zu zerfleischen sondern darin, echt zu sein, authentisch zu sein, rein zu sein; ohne Absicht zu sein; ohne Hintergedanken und ohne Falschheit zu sein. Nicht in sich gespalten, sondern eins mit sich selbst zu sein. Sie wurden uns als Botschafter Gottes gesandt, damit wir verstehen, was es heißt, im Augenblick und ganz zu sein. Damit wir - durch sie - verstehen und erleben und begreifen können, was es bedeutet, Ganz - Jetzt - Hier zu sein. Und damit heil. Und damit dem Himmel ganz nah.

*

Der Sinn

Tiere wurden uns gegeben, damit wir selbst in unsere Harmonie, unsere Wahrheit und unseren eigentlichen Sinn finden. Leider ist es oft so, dass wir bei Problemen mit Tieren - ähnlich wie bei Krankheiten - lediglich das Symptom behandeln, das in vielen Fällen einfach unterdrückt wird, und nicht die eigentliche Ursache erforschen. Viele Menschen gehen mit der Forderung zum Arzt: 'Wasch mich, aber mach mich nicht nass. Behandle bitte meine Symptome aber erwarte nicht von mir, mein Leben zu ändern. Heile meine Krankheit aber frage mich nicht, meinen Lebenswandel zu überdenken. Ich möchte weiter rauchen, weiter saufen und weiter meinen Körper mit schlechter Ernährung schinden, doch für meine Gesundheit bist *Du* verantwortlich, denn *Du* bist der Arzt und nicht ich.'

Sowohl auf körperlicher Ebene, wenn es um die menschliche Gesundheit geht, sowie auch auf geistig-seelischer Ebene, wenn es um Tiere geht, gerät damit langfristig alles immer mehr aus dem Gleichgewicht und am Ende werden Körper, Geist und Seele ernsthaft krank. In vielen Fällen gibt es ab einer zu langen Phase der Ignoranz kein Zurück mehr. Die ursprüngliche Symptomatik verstärkt sich immer weiter, Tiere und Menschen werden gleichermaßen aggressiv, traurig oder sterben.

Meist wird übersehen, dass jede Krankheit, jedes Thema, jede Problematik, immer eine Botschaft für uns hat. Und die Botschaft beinhaltet in jedem Fall, dass es um den Weg zurück geht, zurück zur Verbundenheit, zur Ganzheit, zu unserem reinen, wahren Selbst. Zu allem, was uns ausmacht und das wir an Potential in uns tragen.

*

Die Aufgabe

Darüber hinaus ist es unsere Aufgabe, aus der Verbindung, die wir eingegangen sind oder die uns gegeben wurde, und aus dem Schicksal, das uns auferlegt wurde, zu lernen und Rückschlüsse zu ziehen. Lernen zuzuhören, was uns eine Situation wirklich zu sagen hat. Wenn wir die Seele als dem Körper innewohnend verstehen, die eine Zeitlang in einem Körper auf der Erde Erfahrungen zu machen hat, wird schnell klar, dass es keinen Unterschied in der Wertigkeit der Erfahrungen und der Lösung von Lernaufgaben geben kann - egal, ob man in menschlicher oder tierischer Form in Erscheinung tritt. Auch ein Tier hat die Aufgabe, sein Karma zu erfüllen und seine Bestimmung zu leben.

Es ist nicht nur bei Menschen so, dass sie krank werden können, wenn ihnen verwehrt wird, ihrer Bestimmung Ausdruck zu verleihen und ihre Aufgaben zu erfüllen, sondern dasselbe gilt auch für Tiere. Es macht krank, eine Maske leben zu müssen und nicht echt sein zu dürfen. Es ist ungesund, sich in Rollen zwängen und zu einem Verhalten hinreißen zu lassen, das der eigenen, inneren Überzeugung nicht entspricht. Auch das gilt für Mensch und Tier gleichermaßen.

Nicht nur die abendlich traurige Stute, sondern der gesamte Holsteiner Reitstall haben mir gezeigt, was mit Tieren passieren kann, die unter Zwang leben und ihn aushalten müssen. Genau wie Menschen werden sie traurig, depressiv und wenn sie nicht schon krank sind, geben sie sich nicht selten auf. Ich habe es mehrfach erlebt.

*

Jede Seele hat eine Bestimmung, sei es, dass der Hund für ein Familienmitglied eine Botschaft hat, sei es, dass das Haustier bei Unsicherheiten oder dem Gefühl der Unzulänglichkeit als Stütze dient. Die

Aufgaben sind so vielfältig wie die Tiere selbst. Das Schönste und Höchste, was man für Tiere tun kann ist, sie in ihrer Aufgabe zu erkennen, ihnen Vertrauen zu schenken, diese Aufgabe bewältigen zu können und ihnen Raum zu geben, diese Aufgabe auch zu meistern.

Besinne dich selbst immer wieder auf dein Vertrauen, das tief in dir wohnt und weiß, dass alles in kosmischer Ordnung ist und nichts Zufall. Dass alles perfekt ineinander greift, selbst wenn es gerade so scheint, als sei genau das nicht der Fall. Sei gewiss, dass auch *das* Teil des Weges ist, auf dem du lernen sollst und Erkenntnisse gewinnen kannst, die jetzt als nächster Schritt auf deinem Weg zu dir selbst und zu deinem Tier dran sind.

Die Sache mit der Zeit

Tierkommunikation ist ein Prozess, der manchmal sehr lange dauern kann. Normalerweise ist es nicht die Lösung des ursächlichen Problems, einfach eine Tierkommunikatorin anzurufen, ein paar Fragen zu stellen, und damit hat sich die Sache. Es geht vielmehr darum, dass die Tiere uns Schritt für Schritt durch einen Wachstumsprozess führen und nicht darum, dass wir ihnen einfach sagen, wie sie sich verhalten sollen.

Darüber hinaus ist das Tier auch immer ein Indikator dafür, ob wir auf dem richtigen Weg sind oder nicht. Mit einem Tier hat man seinen Lehrer immer und ständig bei sich. Da sie nicht von irgendwelchen Gesellschaftsidealen indoktriniert sind, keinen falschen, von der Gesellschaft auferlegten

Erwartungen und Konditionierungen unterworfen sind, sind sie völlig rein vom emotionalen und geistigen 'Schmutz' dieser Welt. Darum kann es für uns und alles Leben sehr bereichernd sein, anzuerkennen, welchen Wert sie für uns und unser Leben haben. Sie schenken uns die Fähigkeit, bedingungslos unser Sosein anzunehmen und unser Schicksal als derjenige, der man zu sein bestimmt ist, zu akzeptieren und zu tragen. Die Tiere erkennen uns und nehmen uns bedingungslos an, auch dann, wenn wir es nicht tun. Sie schieben Entwicklungsprozesse an und sind da, um wirklich etwas zu verändern - wenn du sie denn lässt.

Mona aus dem Alten Jagdhaus

Jede Kommunikation ist individuell. Jede Verbindung, jedes Karma einmalig. Manchmal sind die Tiere überhaupt erst dafür da, um dem Menschen die gefühlte, intuitive Wahrnehmung und Kommunikation zu erschließen. Es ist ein Gewinn für alle, wenn der Mensch beginnt, eine Verbindung zu seinem Tier und damit zu sich selbst herzustellen, sich seinen Themen und deren Botschaften zu öffnen und von ihnen zu lernen.

Wenn du dazu bereit bist, das Tier in seiner Ganzheit zu erkennen und als gleich-wertig zu schätzen, wenn du dich auf dein Ganz-Sein einlässt und dem Tier genauso erlaubst, es selbst zu sein, wie es das Tier dir erlaubt, dann entsteht wahre Verbundenheit. Wenn du über die weit verbreiteten Trainingsmethoden der Dominanz und der autoritären Kontrolle hinauswächst und dich dem tieferen Sinn einer Begegnung zuwendest, wenn du versuchst zu erkennen, was dein Gegenüber dir beibringen will, dann beginnt die Kommunikation mit deinem Tier.

*

Einfühlung kann man üben. Das intuitive Erfassen von Situationen muss sich erst (wieder) entwickeln. Es ist ein Weg, den man geht und kein Schalter, den man umlegt und schon kann man alles, was man will. Doch selbst, wenn es etwas dauert, bis sich erste Erfolge einstellen, du wirst ans Ziel kommen, wenn du daran glaubst, zuversichtlich bist und im Vertrauen darauf bleibst, dass alles Wissen zu dir kommen wird, wenn der Zeitpunkt gekommen ist.

Natürlich kann dir ein Tierkommunikator auf deinem Weg immer mal wieder behilflich sein, doch die Basis für eine erfolgreiche Zusammenarbeit besteht in der Verbindung, die du erst einmal ganz alleine zu deinem Tier auf- und ausbauen musst.

*

Das Tier - dein Begleiter

Große Wandel im Leben sind oft von Tieren begleitet. Genesungsprozesse oder Zeiten der Bewusstseinserweiterung ebenfalls. Sie kommen, um uns in entscheidenden Zeiten daran zu erinnern, dass es letzten Endes immer um die Öffnung unserer Herzen geht und wir uns der Schöpfung in all ihren Aspekten wieder zuwenden sollen. Vielleicht scheint es in manchen Situationen einfacher, das Tier abzugeben, weil wir die Probleme als unüberwindlich empfinden. Doch meistens kommen sie ja gerade deshalb in unser Leben, um uns zu zeigen, was alles möglich ist, wenn man im Vertrauen und im Einklang mit der universellen Verbundenheit arbeitet.

Sie können uns durchaus vor große Prüfungen stellen, aber sie sind in dem Moment zu meistern, in dem wir uns auf sie einlassen; sie sind zu meistern, wenn wir uns auf *uns* einlassen und alles zulassen, was sich zeigen will. Hat man eine Aufgabe dann tatsächlich gemeistert, findet man automatisch immer mehr in seine Stärke, entwickelt immer mehr Vertrauen in seine Fähigkeiten und fühlt sich immer mehr ganz.

Sei mutig und traue dich, die Verbindung zu deinem Tier weiter auszubauen. Sei offen für all die Wunder, die die Verbindung zu ihnen bereit hält und erlaube dir, an den Botschaften, die das Tier und die Situation für dich mitbringt, zu wachsen.

*

Eines Tages,
wenn wir Wind, Wellen,
Gezeiten und die Schwerkraft
gemeistert haben werden,
können wir sie uns nutzbar machen ...
... die Energien der Liebe.
Dann wird der Mensch
zum zweiten Mal in der Geschichte der Welt
das Feuer entdeckt haben.

Teilhard De Chardin

*

Was ist zu tun?

Wenn du nun also für jeglichen Impuls empfänglich geworden bist, einfach indem du dich für ihn geöffnet hast, was dann? - Normalerweise beginnt jetzt etwas, das man umgangssprachlich als einen 'inneren Dialog' bezeichnet. Du empfängst zum Beispiel einen Satz und antwortest innerlich darauf, so, als würdest du dich mit deinem Tier 'unterhalten'. Diese Unterhaltung findet innerlich statt, in deinen Gedanken. Lass dich nicht davon abschrecken, dass du vielleicht meinst: 'Ach, das denke ich mir doch alles nur aus!'; sondern folge dem 'Gespräch', das sich in deinem Innern in Gang setzt, wenn du dich auf dein Tier fokussierst. So kannst du empfangen und gleichzeitig - auf die selbe Art und Weise - senden. Auch *du* kannst Sätze senden und mit Bildern oder Impulsen, die dir eingegeben werden, arbeiten.

Gerne würde ich dir jetzt einen genauen Verlauf beschreiben und exakt erklären, wie so eine Konversation abläuft. Doch da jede Situation anders und einmalig ist, gibt es hier kein Rezept und keine konkrete Erklärung.

Ein simples Beispiel aus meinem Unterricht in der Landesreitschule, das vielleicht etwas veranschaulicht, wie so eine Kommunikation ablaufen kann, ist dieses:

Die Athleten waren sich im Springtraining oft unsicher und hatten manchmal sogar Angst vor den Wettkämpfen. Hatten sie dann auch noch das Bild im Kopf, dass ihr Pferd den Sprung verweigert, war die Wahrscheinlichkeit, dass das Tier dies wirklich tun wird, sehr groß - weil sie dieses Bild als Botschaft an das Tier sandten und das Tier diese Botschaft empfing. Es war also von allergrößter Wichtigkeit, dass die Athleten das Bild kultivierten, das Pferd über dem Sprung zu sehen, besser sogar noch - sich gleich hinter den Sprung 'dachten'. Auch dieses Bild empfing das Tier und folgte ihm.

Darum war es für ein gutes Ergebnis grundlegend, dass der Reiter gedanklich wirklich bei dem Parcours war und sich praktisch während des Durchreitens gedanklich vorausgesehen hat und damit automatisch dem Pferd diese Bilder vermittelte.

Dasselbe gilt für das Beispiel mit dem Pferd aus dem Lehrgang, oder den Hund, der an der Leine zieht. Wenn man von vornherein schon das Bild im Kopf hat, dass der Hund zieht oder das Pferd steigt, dann werden die Tiere mit aller Wahrscheinlichkeit genau das tun. Weil *wir* es ihnen 'sagen'.

Sendest du aber das Bild von dem Hund, der bei dir bleibt oder dem Pferd, das problemlos über den Sprung geht, dann vermittelst du den Tieren die entsprechende Botschaft und sie werden sie empfangen - und wahrscheinlich auch befolgen.

Wenn dein Tier nicht folgt, sondern es sich zeigt, dass es zum Beispiel wütend ist, dann versuche zu ergründen, warum. Wenn es sich zeigt, dass es Angst hat, dann versuche, ihm diese Angst zu nehmen. Wenn es sich zeigt, dass dein Tier beleidigt oder traurig ist, versuche ebenfalls, die Ursache zu ergründen und gucke, was du ihm senden kannst oder was du tun kannst, um deinem Tier zu helfen. Lass dich von deinen Eingebungen leiten und vertraue darauf, dass dir die richtigen Impulse schon gegeben werden, wenn es an der Zeit ist.

Hier einige Fragen, die sich in energetischen Heilsitzungen und Problemsituationen bewährt haben:

Gibt es etwas, das du von mir brauchst?
Gibt es etwas, das unsere Situation von mir braucht?
Gibt es etwas, das du mir sagen willst?
Gibt es etwas, das ich sehen soll?
Gibt es etwas, das ich sagen soll und das du von mir hören musst?
Gibt es etwas, das ich tun kann?

Lass die Konversation fließen und - auch wenn ich mich zum 100sten Male wiederhole - lass los und vertraue auf die Richtigkeit des Geschehens.
Wenn du einen Satz oder auch nur einen einzigen Impuls empfängst, reicht es als Antwort darauf manchmal schon, dich dafür zu bedanken, dass sich dieser Impuls zeigt; manchmal reicht es, dich dafür zu bedanken, dass du die Angst/Schmerz/Wut/Trauer deines Tieres sehen darfst, damit sich eine komplette Konversation in Gang setzt oder damit sich eine Situation grundlegend ändert.
Sollte die Konversation also einmal ins Stocken geraten oder du dir nicht sicher sein, ob sich überhaupt etwas zeigt, dann sprich einen Dank aus:
'Danke, dass sich zeigen darf, was sich zeigt.'
Oder spreche den Impuls, das Gefühl, den Gedanke oder das Bild direkt an und sage:
'Danke, das du dich zeigst.'

Und dann gehe wieder ins Lauschen und vertraue darauf, dass sich enthüllen wird, was als nächstes dran ist.

Vielleicht hast du plötzlich das Bild, wie dein Tier weint oder dir vor Freude, gesehen worden zu sein, in den Arm springt. Alles ist möglich. Eine Kommunikations-Sitzung muss nicht immer lange dauern oder den Charakter einer Unterredung von Menschen haben. Tiere sind viel direkter und einfacher, echter und authentischer in ihren Äußerungen als der Mensch. Es kann sein, dass ein kurzer 'Wort'-Wechsel reicht, um die grundlegende Änderung einer Situation zu bewirken.

Lass dich nicht beirren, wenn manche Dinge noch nicht dran sind, wenn es noch nicht an der Zeit ist, dass sie sich dir jetzt und hier in genau diesem Augenblick zeigen können. Warum auch immer. Auch dafür sein offen und nicht beleidigt, frustriert, ärgerlich oder beginne, dir Vorwürfe zu machen und an dir selbst zu zweifeln. Vertraue, habe Geduld und Glaube an dich, deine Fähigkeiten und dein Tier!

Wenn du meinst, nichts hilft und nichts bringt dich weiter, dann gehe ganz gezielt von deinem Kopf in dein Herz und frage dein Herz und das, was dein Herz nähert, um Rat. Bitte an dieser Stelle um höhere Unterstützung und du wirst sie erhalten - auf die eine oder andere Weise.

*

Es mag sein, dass ich mich in diesem Essay einige Male wiederholt habe. Dafür möchte ich mich entschuldigen; doch einige Dinge können nicht oft genug gesagt werden und es ist so wichtig und essentiell für dich zu verstehen, wie einfach die Kommunikation mit deinem Tier eigentlich ist. Darum sind Aspekte wie Loslassen, Vertrauen und der Glaube an dich und deine Fähigkeiten immer wieder wiederholt, einfach um dir bewusst zu machen, dass sie - und sie allein - der Schlüssel zu dir und deinen Fähigkeiten sind.

*

Jetzt gehe, probiere dich aus und vertraue dir selbst. Vertraue deinem Weg und den Botschaften, die sich dir zeigen. Gebe *nicht* deinen Ängsten und Befürchtungen die Gewalt über deine Botschaften und das, was du aussendest, in die Hand - denn diese sind bekanntlich schlechte Ratgeber. Vertraue dagegen auf deine Fähigkeit, konstruktive Bilder in deinem Geist zu kreieren und diese auszusenden; Bilder, Impulse und Worte, die von deinen Wünschen und deinen Hoffnungen inspiriert sind. Und vertraue darauf, dass diese lichten Botschaften stärker sind als das Dunkle deiner Angst und deiner Befürchtungen. Vertraue einfach! Sowohl deinem Tier als auch dir selbst. Es lohnt sich!

*

Visualisation

Es kann helfen, eine Art Meditation zu machen, um mit deinem Tier in Verbindung zu kommen. Ob in der Reinkarnationstherapie, energetischem Clearing oder auch der Kommunikation mit deinem Tier ist es sehr hilfreich, in die Welt der Vorstellungen einzutauchen, die sowohl klärend als auch heilend wirken kann.

Lege dich in eine angenehme, komfortable Position und schließe die Augen. Achte darauf, dass du ungestört bist. Schalte dein Telefon aus und sorge dafür, dass niemand an der Tür klingelt oder ins Zimmer kommt. Ein guter Zeitpunkt für eine Meditation ist Abends vor dem Schlafengehen. Denn kurz vor dem Einschlafen ist unser Geist am empfänglichsten für all die Gedanken und Ideen, die uns im Kopf und im Herzen bewegen. Übe, deine Gedanken und Vorstellungen bewusst zu leiten und lasse dich nicht von negativen Gedanken, Ängsten oder sonstigen entmutigenden Glaubenssätzen von der Begegnung mit deinem Tier abhalten.

*

Es hat sich bewährt, seine eigene Meditation aufzusprechen. Das kannst du leicht mit der Funktion der Notizen auf deinem Telefon machen, wo du immer auch eine Sprachnotiz aufnehmen kannst. Sonst gibt es auch kostenlose Apps, mit denen sich mp3-Files erstellen lassen. Es macht nämlich Sinn, seine Meditationen mit der eigenen Stimme zu hören.

Zum Abschluss nun eine Beispiel-Meditation, die beliebig ausgeweitet oder abgewandelt werden kann. Lese das, was in den Klammern steht, nicht mit. Lasse dir Zeit zwischen den einzelnen Fragen. Setze jedes Mal dort, wo drei Punkte stehen, den Namen deines Tieres ein und wähle selbst, ob du den Text in der femininen oder der maskulinen Form lesen möchtest. Je nachdem, was für dich und dein Tier am meisten Sinn macht.

*

Ich stehe auf einer großen Wiese. Es ist angenehm warm. Nicht zu heiß und nicht zu kalt, sondern genau so, wie ich es als wohlig empfinde. Das Gras ist grün, Schmetterlinge flattern umher und die Sonne bricht sich in den schönen Farben der Blüten.

Es ist ganz still. Nur die kleinen Tiere der Natur sind zu hören, das leise Brummen der Bienen, die Nektar sammeln, Vögel, die zwitschern und die weiche Brise, die durch die Baumwipfel streicht.

Als ich mich langsam in Bewegung setze, sehe ich einen kleinen Weiher mit herrlich sauberem Wasser. Auch hier ist es ganz friedlich. Ich laufe darauf zu und erblicke einen kleinen Steg, der ins Wasser führt. Er ist aus wundervoll gearbeitetem Holz und sieht sehr stabil aus, so, als wäre er gerade erst gebaut. Sofort überlege ich, hinab zu laufen, als ich sehe, dass unweit von mir, an einer Uferböschung, mein geliebtes Tier weilt. Es schaut über das Wasser und ist ganz still. In dem Moment, in dem ich es erblicke, spüre ich sofort, wie es ... geht.

Ich gehe zu ihr/ihm und setze mich neben sie/ihn. Für eine Weile sitzen wir schweigend beieinander.

(Lass dir jetzt einen Moment Zeit und spüre in dich hinein)
Nach einer Weile wende ich mich zu ihr/ihm. Sie/er schaut mich direkt an. Ich sage:
'Danke, dass du dich mir zeigst.'
Ich spüre, wie sie/er ... (Zeit lassen und spüre in die Antwort hinein)
Ich frage sie/ihn:
'Gibt es etwas, das du von mir brauchst?' (Warte nach jeder Frage, die du innerlich stellst, erneut ab, was sich als Bild, Satz oder Impuls zeigt)

Gibt es etwas, das unsere Situation von mir braucht?

Gibt es etwas, das du mir sagen willst?

Gibt es etwas, das ich sehen soll?
Gibt es etwas, das ich sagen soll und das du von mir hören musst?

Gibt es etwas, das ich tun kann?

(Wenn du alle Antworten erhalten hast, dann bedanke dich bei deinem Tier und der universellen Fügung für die höhere Unterstützung.)

'Danke, dass du dich mir gezeigt hast'

'Danke, dass ich verstehen durfte, was mir mitgeteilt wurde.'

Alles fühlt sich richtig und vollständig an. Als wir uns einig sind, dass für diesen Moment alles gesagt ist, stehe ich auf und verabschiede mich von meinem

Tier. Bei dem Blick in seine Augen spüre ich die tiefe Verbindung zwischen uns. Ich kann ... spüren und erkenne ihre/seine Gefühle.

Mein Herz öffnet sich. Licht- und liebevolle Gefühle fließen von mir zu ... . Ich öffne mich vollständig für die universelle Energie des Mitgefühls und stelle mich als Kanal für dieses zur Verfügung. Ich bitte darum, dass jetzt alle Energie dorthin fließt, wo sie gebraucht wird und alles in mir und ... heilt, was geheilt werden darf.

(Warte, bis der Strom an Energie abebbt. Unterbreche ihn nicht)

Ich sehe mich um. Die Wiese ist genau so friedlich wie vorhin. Die Schmetterlinge flattern noch und die Bienen sammeln noch immer ihren Nektar. Ich atme tief ein und aus.

'Danke.'

(Komme nun langsam zurück in die Gegenwart oder mache es dir bequem und schlafe ein.)

*

Mein tiefster Dank gilt all den Tieren, die mir auf meinem Weg begegnet sind, und die nicht nur dieses Buch sondern mein Leben, meine Erfahrungen, meine Erkenntnisse und die Öffnung meines Geistes möglich gemacht haben. Ich danke euch allen für eure Treue, eure Ehrlichkeit und für die Wahrheit, die ihr lebt und der ihr zu allen Zeiten treu ergeben seid, wofür ich euch zutiefst bewundere und manchmal sogar ein wenig beneide. Mögen die Menschen von euch lernen und sich für die wundervollen und unbezahlbaren Geheimnisse öffnen, die ihr für uns bereithaltet.

*

Wie kann das Kaufen und Besitzen
von Bedeutung sein,
wenn das einzig wichtige für den Menschen
das Werden und endlich Sein ist?

Antoine De Saint-Exupery

Antonia Katharina Tessnow
aus dem Alten Jagdhaus

Antonia Katharina Tessnow, geboren 1975 in Berlin, absolvierte nach Beenden der Schule ihren Highschool-Abschluss in den USA. Nach einem einjährigen USA-Aufenthalt kehrte sie nach Deutschland zurück und arbeitete viele Jahre hauptberuflich als Berufsreiterin. Mit 22 wechselte sie in einen Sportstall nach Schleswig-Holstein, in dem sie sich auf die Dressur spezialisierte und Pferde aller Klassen trainierte und ausbildete. Mit 28 wechselte sie ins Berliner Olympiastadion und arbeitete dort 6 Jahre als Landesverbandstrainerin des modernen Fünfkampfes in der Disziplin Springreiten. Berufsbegleitend studierte sie Heilpraktik, Tierheilpraktik und ganzheitliche Psychologie und besuchte eine dreijährige Fortbildung am Institut für Emotionale Prozessarbeit.

Mitte 30 verließ sie den Reitsport, ging an eine Uniklinik nach Sri Lanka und erwarb dort ihre internationale Heilerlaubnis. Es folgten 3 Jahre, in denen sie zwischen Indien und den USA hin- und herpendelte, psychoenergetische Sitzungen leitete und sich weiterbildete.

Antonia Katharina ist Doctor of holistic Medicine und Psychology, hat sich umfassend mit alternativen Heilweisen befasst, wozu auch der therapeutische Einsatz von Musik gehört und besuchte Kurse von dem führenden Reinkarnationstherapeuten Trutz Hardo. Im Laufe ihres Indienaufenthaltes spezialisierte sie sich auf psychoenergetische und musikalische Heilarbeit, Reinkarnationstherapie und Pflanzenheilkunde.

Seit 2009 lebt sie wieder in Deutschland und widmet

sich seitdem nicht nur ihrer künstlerischen, heilpraktischen und schriftstellerischen Arbeit, sondern setzt sich auch intensiv mit dem Thema Hunde auseinander - vorrangig der Rasse Bolonka Zwetna.

Neben dem Schreiben von Büchern und ihrer tierheilpraktischen und -therapeutischen Arbeit, die sie seitdem weiter vertiefte, absolvierte sie eine Zusatzausbildung zur Hundefriseurin und besuchte diverse Weiterbildungen zum Thema Haltung, Zucht und Tierkunde. Heute lebt Antonia Katharina am Rande eines Dorfes in Mecklenburg-Vorpommern und betreibt die kleine Rassehundezucht der 'Zarenhunde aus dem Alten Jagdhaus'.

Webseite der Autorin:

www.antonia-katharina.de

Webseite der Hundezucht 'aus dem Alten Jagdhaus':

rund-um-hunde.jimdo.com

Webseite des Alten Jagdhauses:

altes-jagdhaus.jimdo.com

Die Botschaft der Tiere

Der Weg zurück zu uns selbst

Ein Wegweiser durch unsere Zeit

Es ist ganz und gar möglich, den Weg nach Hause zu finden. Wir brauchen nicht zu warten, bis wir diese Welt verlassen und zurück in unsere Seelenheimat gehen, um in den ewigen Gefilden Frieden und Liebe zu erleben. Wir können uns unser Zuhause, das Paradies, auch hier auf der Erde, auf diesem Planeten erschaffen. Es ist tatsächlich möglich, uns in ein neues, anderes Bewusstsein hineinzuentwickeln, von dem nicht nur die heiligen Schriften und die Erleuchteten im Laufe unserer Erdgeschichte berichtet haben, sondern von dem uns auch die Tiere erzählen, indem sie es uns Tag für Tag vorleben.

Wir Menschen können noch umkehren. Wir müssen diese Welt nicht zerstören. Es muss nicht alles so weitergehen wie bisher. Es ist möglich, den Weg zurück ins Paradies zu finden, doch können ihn uns nur diejenigen weisen, die ihn kennen.

Wenn wir den Tieren erlauben, uns den Weg zu weisen, werden wir ihn finden. Wenn wir ihre Botschaft ernstnehmen, sie verinnerlichen und versuchen, sie zu entschlüsseln, werden wir sie verstehen. Die Tiere haben das Paradies nie verlassen. Wer, wenn nicht sie, könnten uns diesen Weg weisen?

Bolonka Zwetna

Von der Empfindsamkeit der Hundeseele
und der Liebe, die sie schenkt

Der Nr. 1 Bestseller in amazon in der Kategorie 'Hunde'

Dieser kleine Ratgeber soll nicht nur zum allgemeinen Verständnis der Beziehungen von Hunden zu uns Menschen beitragen, sondern vor allem den Menschen in seiner Seele berühren. Neben kurzen Überblicken über Rassestandard, Ernährung, Fellpflege und Haltung führt die Autorin den Leser in die facettenreiche Welt der Hundeseele, die voll tiefer Empfindsamkeit ist und niemanden unberührt lässt, der die Fähigkeit besitzt, zu fühlen.

Antonia Katharinas Liebe gilt seit jeher den Tieren. Viele Jahre war sie hauptberuflich in der Reiterei tätig bevor sie Heilpraktik, ganzheitliche Psychologie und Tierheilpraktik studierte. Seitdem widmet sie ihr Leben den Kleinhunderassen im Allgemeinen und dem Bolonka Zwetna im Speziellen. Neben ihrer schriftstellerischen, musischen und tierheilpraktischen Arbeit hat sie sich auf die Auftragsmalerei von Tierfotos spezialisiert und betreut ihre kleine Rassehundezucht der 'Zarenhunde aus dem Alten Jagdhaus'.

Die Hundezucht 'aus dem Alten Jagdhaus'
präsentiert sich unter

rund-um-hunde.jimdo.com

Bolonka Zwetna Terminplaner

Ob Beagle, Yorkshire, Pudel oder Mops; Dackel, Terrier, Schnauzer oder Schoßhund - dieser Kalender spricht Kleinhunde aller Rassen an. Mit kurz umrissenen Themen sowie berührenden Hundehoroskopen gibt er nicht nur konstruktive Ratschläge zu den alltäglichen Bedürfnissen ihres Lieblings, sondern verleiht auch einen Einblick in die Seele und das innerste Lebenserlebnis dieser wundervollen Wesen, die ein jedes Leben um ein vielfaches bereichern.

Einführung: Jeder Mensch, der sich Hunden verbunden fühlt, spürt in sich meist auch eine tiefe Verbindung zur Natur, denn die Vierbeiner tragen einen großen Teil dazu bei, dass wir Hundemenschen uns viel draußen aufhalten, dem Wind und Wetter trotzen und auch unter widrigsten Umständen das Haus verlassen. Dieser Kalender soll dazu beitragen, dass sich das wunderbare Gefühl der Naturverbundenheit noch weiter vertieft. Aus diesem Grunde wird hier nicht nur auf die neu-christlichen, sondern auch auf die alten, keltischen Feiertage zurückgegriffen und damit auf uraltes Wissen, das aus einer Zeit hervorging, in der sich die Menschen noch als ein Teil der Natur wahrnahmen.

Des Weiteren sind die Mondstände in den einzelnen Zeichen angegeben, die Sonnenzeichen, d.h. die Sternzeichen, vermerkt und 12 kleine Themen umrissen. Es ist jeweils der genaue Tag des Übertritts der Sonne in das neue Zeichen angegeben, wie er in den Sternzeitberechnungen angegeben ist und der von Jahr zu Jahr ein klein wenig variieren kann. Möge dieser Kalender jedem Hundebegeisterten ein paar neue Einblicke geben, sowohl in den praktischen Umgang mit dem Hund, als auch in die Seele dieser wundervollen Wesen, die ein jedes Leben um ein vielfaches bereichern.

Madras

Zauber der Palmblätter

Die Palmblattbibliotheken: Tausende Jahre alt und bis heute ein ungelöstes Rätsel. Das Geheimnis dieses Ortes ist das Thema dieses Buches. Die Geschichte dreht sich um eines der größten Rätsel der Menschheit.

Eine Reise führte mich dort hin. Ich habe meine kleine Heimatstadt verlassen um der Sagenumwobenen Legende auf den Grund zu gehen, die besagt, dass dort alle Lebensgeschichten aller Menschen niedergeschrieben sind; allerdings nur von denjenigen, die sich aufmachen, um danach zu suchen.

Eben das habe ich getan.

Und dies ist es, was ich gefunden habe.

Dieses Buch
liegt in deutscher und englischer Fassung vor.

Menschen, die dieses Buch gelesen haben:

"Ein interessantes Buch. Wer will, findet die Antwort auf die Frage: Wie viele Leben hat ein Mensch?"
Günther Prinz, Publizist, ehemaliger Chefredakteur der 'Bild', Deutschland

"Da steht also mein ganzes Leben auf einem Palmenblatt in Madras. Dieses Buch hat mein Verständnis von Raum und Zeit grundlegend verändert."
Fritz Bloomberg, Ex-Vizepräsident Burda Media, New York

"Ein außergewöhnliches Lesevergnügen, das meine Sicht auf die Welt verändert hat."
Gregor Tessnow, Schriftsteller und Drehbuchautor

Kelten Kalender

Terminplaner
mit Baumkreis und Mondstand

jedes Jahr neu!

Das Keltentum ist seit jeher Quelle geistiger und seelischer Inspiration. Jeder, der sich zu der Geschichte, den Philosophien und der Lebensweise unserer Urahnen hingezogen fühlt, spürt in sich meist auch eine tiefe Verbundenheit mit der Natur. Immer mehr Menschen spüren eine große Sehnsucht nach eben dieser Verbundenheit, die über die Jahrhunderte hinweg, durch Überlagerung moderner Glaubenssätze, verloren ging.

Dieser Kalender soll dazu beitragen, dass das wunderbare Gefühl der Naturverbundenheit wieder zum Leben erwacht und sich weiter vertieft. Aus diesem Grund wird hier auf die alten keltischen Feiertage und den keltischen Baumkreis zurückgegriffen und damit auf uraltes Wissen, das aus einer Zeit hervorging, in der sich die Menschen noch als einen Teil der Natur wahrnahmen. Möge dieser Kalender ein wenig von dem alten, geheimnisvollen Wissen unserer Urahnen wachrufen und in unsere Erinnerung zurückholen; und wir damit in der Lage sein, das ursprüngliche Wissen unserer Vorväter, der Kelten, anzuzapfen.

HAIR

Alles über alternative Haarpflege

HAIR - Alles über alternative Haarpflege, ist ein heilpraktisches Sachbuch. Es gibt in den einleitenden Kapiteln einen Überblick über die Inhaltsstoffe in herkömmlichen Shampoos und Duschgels und wie schädlich synthetisch hergestellte Chemikalien in der täglichen Anwendung auf Haut und Haaren sind. Des weiteren wird auf die Langzeitschäden eingegangen, die sich durch den dauerhaften und wiederholten Kontakt mit diesen Chemikalien ergeben können.

Der Hauptteil des Buches zeigt Alternativen zu herkömmlichen Produkten auf, die leicht umzusetzen und anzuwenden sind. Es wird auf komplizierte Anwendungstechniken verzichtet und ganz gezielt die Einfachheit der Methoden betont und in den jeweiligen Anwendungsbeschreibungen dargelegt. Alle alternativen Methoden zur Haut- und Haarreinigung sind von mir persönlich im Selbstversuch getestet, für jeden Interessierten leicht nachvollziehbar und die entsprechenden reinigenden Substanzen leicht erhältlich.
Im letzten Teil des Buches wird auf die Lebensweise, die Ernährung, Öle, Haarbürsten und Tipps und Tricks eingegangen, die langfristig und nachhaltig für gesunde und volle Haare sowie für gesunde, vitale und frische Haut sorgen.

Ziel dieses Buches ist es, das Bewusstsein für den Umgang mit unserem Körper, unserer Umwelt und damit unserer Gesundheit zu schärfen.

Stille Nacht, Heilige Nacht

Erinnerungen an einen Heiligen Abend
in den letzten Tagen des zweiten Weltkriegs

eine Kurzgeschichte

Diese Geschichte
liegt in deutscher und Englischer Fassung vor.

Über das Buch:

1943. Es ist Weihnachten. Schon damals schrieben
Kinder Tagebücher, um die unfassbaren Erlebnisse,
die in Worten kaum wiederzugeben sind,
festzuhalten. Die ältere Schwester von Antonia
Katharinas Mutter ist neun Jahre alt, als sie durch ihre
kindlichen Augen die Ereignisse einer Nacht
beschreibt, die tiefe Eindrücke hinterlassen und
niemanden unberührt lassen. Eine wunderbare
Erinnerung daran, in was für friedlichen Zeiten wir
heute leben dürfen.

Über die Autorin:

Antonia Katharina Tessnow ist die Tochter einer
ehemals ostpreußischen Familie, die nach dem ersten
Weltkrieg nach Deutschland kam. Ihre Großeltern
ließen sich in Berlin nieder, mussten jedoch aus der
Stadt fliehen, nachdem ihr Wohnhaus im letzten Jahr
des zweiten Weltkrieges zerbombt und komplett
zerstört wurde. Viele Jahre später kehrten sie nach
Berlin zurück. Obwohl Antonia Katharina dort
geboren ist, fühlte sie sich in dieser Stadt jedoch nie
heimisch. Heute lebt sie auf dem Lande am Rande der
Mecklenburgischen Schweiz.

Tattoo – Laser – Cover Up

Wenn der Traum zum Albtraum wird

Sowohl das Tätowieren als auch das Lasern ist nicht nur ein Eingriff in deinen Körper, sondern auch in deine Persönlichkeit und dem daran gekoppelten Gefühl, dir selbst gegenüber. Tätowieren verändert einen Menschen; mitunter hat diese Veränderung weitreichende Folgen und hinterlässt tiefe Spuren in deiner Seele. Festzustellen, dass dir das langersehnte Tattoo nicht gefällt oder gar misslungen ist, ist zudem eine schmerzliche Erfahrung, für die es wenig Helfende und Mitfühlende gibt.

Dieses Büchlein soll nicht nur eine Hilfestellung für Betroffene sein, sondern auch die Gedanken derer anregen, die mit der Idee spielen, sich unter die Nadel zu legen. Nicht nur meine eigenen Erfahrungen rund um das Thema Tattoo – Laser – Cover Up sind hier offengelegt, sondern es wurde auch ein Blick in all die Seelenschmerzen und inneren Qualen gewährt, die mit solchen Erfahrungen verbunden sind.

Jede Krise enthält eine Chance, weswegen die Chinesen dafür ein und dasselbe Wort verwenden. Die Chancen dieser Krise sind die daraus entsprungenen, weiterführenden und sehr hilfreichen Gedanken sowie all die wichtigen Überlegungen zum Tätowieren allgemein, die dir hoffentlich helfen mögen und die du unbedingt anstellen solltest, *bevor* du eine Entscheidung triffst, die dich in jedem Fall für dein Leben zeichnen wird.

Astro Kalender

Planetenumlaufbahnen, Mondstände und Blanko-Chart für das eigene Horoskop

jedes Jahr neu!

Der Astro-Kalender dient als Wegweiser durch das Jahr und spricht nicht nur Astrologen, sondern auch alle Naturverbundenen an, die zu den Gezeiten und dem Umlauf der Gestirne eine Verbindung spüren. Somit dient dieser Kalender sowohl Hobby-, als auch professionellen Astrologen, die in ihrer Arbeit auf die Planetenstände und Sternzeitberechnungen der Ephemeriden zugreifen, als Leitfaden durch das Jahr. Zu Beginn ist ein Blanko-Radix eingefügt, um die persönlichen Sternstände oder ein entsprechendes Wunsch-Horoskop eintragen zu können. Weiterführend sind die Verläufe der einzelnen Planeten graphisch dargestellt und somit visuell auf einen Blick einsehbar. Zudem sind vor jedem Monat die entsprechenden Ephemeriden gelistet, sodass man den astronomischen Jahresverlauf immer bei sich hat. Der Übertritt der Sonne sowie des Mondes in die einzelnen Zeichen ist direkt an den entsprechenden Tagen im Kalender eingetragen. Möge dieser Kalender Hilfe und Erleichterung sein und all jenen nützen, die rund ums Jahr die planetarischen Einflüsse, denen wir unterworfen sind, im Blick haben möchten, um ihr Gespür auf diese Weise noch mehr zu verfeinern suchen und bisher auf umständliche Methoden der Sternzeitberechnungen zurückgreifen mussten.

Breakable - Zerbrechlich

Der Skandalroman aus Mecklenburg

Dieser Psychokrimi hat in der Region, in der es erschien, für so viel Wirbel gesorgt, dass sogar die Presse in die Geschichte eingestiegen ist. Anfeindungen, Intrigen und Klagen finden nicht nur im, sondern fanden auch um das Buch herum statt. Näheres ist einzulesen auf dem Blog

breakablezerbrechlich.wordpress.com

Klappentext:

Eine Frau aus der Stadt. Ein kleines Dorf. Eine alte Köhlerkate, traumhafte Umgebung und idyllische Umgebung. Nicolas Leben könnte nicht friedlicher sein. Eines Tages begegnet sie einem Bauern aus der Nachbarschaft. Es ist Liebe auf den ersten Blick. Als diese von dem Mann mit der unverwechselbaren Stimme auch noch erwidert wird, scheint ihre Welt perfekt.
Doch Nicolas Glück ist nur von kurzer Dauer. Trug und Lüge lauern hinter jeder Ecke. Gerade als sie beginnt, das Ausmaß des Bösen zu entdecken, tun sich Abgründe auf, in die sie niemals hätte schauen dürfen.

Nach einer wahren Begebenheit.

'In ihrem spannenden Roman voller überraschender Volten und psychologischer Abgründe begegnet der Leser Figuren, die er seit Langem zu kennen glaubt.'

Henrik Leschonski, Lektor

Winston

Eine Pferdebuch-Trilogie für Jugendliche

Da Antonia Katharina selbst viele Jahre als Berufsreiterin tätig war, greift sie hier auf einen langjährigen Erfahrungsschatz zurück und veranschaulicht die Welt der Pferde für jeden Leser so realistisch und wirklichkeitsnah, dass man meint, selbst am Geschehen Teil zu nehmen. Ein Pferdeleben, wie es authentischer nicht beschrieben werden kann.

Winston Band I

Ein Fohlen erblickt die Welt

'Da steht er nun. Seine Beine sind viel zu lang für seinen kleinen Körper. Er versucht sich mühsam in der Koordination seiner Bewegungen, die anfangs nur bedingt gelingen. Das Fohlen macht seine ersten Gehversuche und stakst dabei durch das Stroh wie ein Storch durch den Salat.
Es ist wackelig auf den Beinen. Das Neugeborene drückt seinen Körper fest an den seiner Mutter, um stehen zu bleiben und nicht umzukippen. Die Stute bleibt regungslos stehen und wartet, schaut ihr Fohlen an und wagt nicht, sich zu bewegen, sondern bietet mit ihrem großen, ausgewachsenen Körper dem Kleinen Stütze und Orientierung.'

Winston Band II

Die große Show

'Ich wünsche mir aus tiefstem Herzen, dass der Ort, an dem ich bin und alles andere mein Leben lang so bleiben wird wie in diesem Sommer. Das alte Gestüt, in all seiner Stille, entwickelte sich zum unvergesslichen Ort meiner Sehnsucht. Hier will ich sein. Hier gehöre ich her. Und in meinen stillen Augenblicken gibt es nichts, was mir fehlt.

Zwar weiß ich, dass es für die Menschen hier darum geht, Geld zu verdienen, Erfolg zu haben, die Pferde ordentlich auszubilden und teuer zu verkaufen. Doch für mich geht es um den Geruch von frischem Stroh, wenn ich morgens in den Stall komme; um das Glück, das mich durchströmt, wenn ich meine Fohlen auf die Weide lasse; um die Sehnsucht in Winstons Augen, um die warme Sommerluft an lauen Abenden und den unendlichen Frieden, der über den Weiden liegt.

So gingen die Tage ins Land. Alles verlief ruhig. Bis zu jenem Tag, als etwas geschah, was diese Stille durchbrach.'

Winston Band III

Nichts ist unmöglich

'Mein Winston. Niemals hätte ich gedacht, dass man so eine tiefe und innige Beziehung zu einem Pferd haben kann. Dass man sich mit einem Tier so gut verstehen, so klar die Gefühle und Gedanken des anderen erfassen kann; und das alles ohne Worte. Ja, dass man ein Zusammengehörigkeitsgefühl entwickeln kann und eine Nähe, wie das bei uns der Fall ist und das manche Menschen mit allen Worten der Welt niemals herzustellen in der Lage sein werden.'